詩經講義稿

傅斯年 著

商務印書館

責任編輯　錢舒文
裝幀設計　郭梓琪
排　　版　高向明
責任校對　趙會明
印　　務　龍寶祺

詩經講義稿

作　　者　傅斯年
出　　版　商務印書館(香港)有限公司
　　　　　香港筲箕灣耀興道 3 號東滙廣場 8 樓
　　　　　http://www.commercialpress.com.hk
發　　行　香港聯合書刊物流有限公司
　　　　　香港新界荃灣德士古道 220–248 號荃灣工業中心 16 樓
印　　刷　中華商務彩色印刷有限公司
　　　　　香港新界大埔汀麗路 36 號中華商務印刷大廈
版　　次　2024 年 10 月第 1 版第 1 次印刷

　　　　　ISBN 978 962 07 4701 4
　　　　　Printed in Hong Kong

敍語

下列關涉《詩經》之講義十二篇，大體寫就於民國十七年十二月，共《周頌》一篇，十一月所寫，論文詞之一節，次年一月所補也。日中無暇，每晚十一時動筆寫之，一日之勞，已感倦怠，日之夕矣，乃須抽思，故文詞不遑修飾，思想偶涉枝節。講義之用本以代言，事既同於談話，理無取乎斷飾，則文言白話參差不齊之語，疏說校訂交錯無分之章，聊借此意自解而已。其中頗有新義，深愧語焉不詳，此實初稿，將隨時刪定，一年之後，此時面目最好無一存也。此為論經之上卷，所敷陳諸題多為敍錄《詩經》而設，中卷將專論語言文字中事，下卷則談《詩經》旁涉所及之問題，均非今年所能寫就。若所寫就者，幸同學匡其失正其誤也。

「詩三百篇」自是一代文詞之盛，抑之者以為不過椎輪，揚之者以為超越李、杜，皆非其實。文學無所謂進步，成一種有機體之發展則有之。故一詩之美，可以超脫時間，並非後來居上；而一體之成，由少而壯，既壯則老，文學亦不免此形役也。《詩經》之辭，有可以奕年永世者，《詩經》之體，乃不若五言七言之盛，則亦時代為之耳。欣賞之盛，盡隨主觀，鳩摩羅什有言，嚼飯與人，乃令嘔噦。故講習《詩經》最宜致力者，為文字語言之事，玆編未之及，留待中卷，以此事繁博非短時整理所能得其條貫。若論文詞一節，應人之請強為主觀之事作解說，恐去講章無幾，刪之亦可也。

《中國古代文學史講義稿》擬目中三節涉及《詩經》者（第二篇四、五、八），即以此卷代之。此卷所論為敍錄《詩經》，文學史中所應述說，理非二事，故不別作。

十八年一月二十日寫記

目 錄

泛論《詩經》學

《詩經》是古代傳流下來的一個絕好寶貝，他的文學的價值有些頂超越的質素。自晉人以來純粹欣賞他的文詞的頗多，但由古到今，關於他的議論非常複雜，我們在自己動手研究他以前，且看二千多年中議論他的大體上有多少類，哪些意見可以供我們自己研究時參考？

春秋時人對於詩的觀念：「詩三百」中最後的詩所論事有到宋襄公者，在《商頌》；有到陳靈公者，在《陳風》；若「胡為乎株林，從夏南」為後人之歌，則這篇詩尤後，幾乎過了春秋中期，到後期啦。最早的詩不容易分別出，《周頌》中無韻者大約甚早，但《周頌》斷不是全部分早，裏邊有「自彼成康，奄有四方」的話。傳說則《時邁》《武》《桓》《賚》諸篇都是武王克商後周文公作（《國語》《左傳》），但這樣傳說，和奚斯作《魯頌》，正考父作《商頌》，都靠不住；不過《雅》《頌》中總有不少西周的東西，其中也許有幾篇很早的罷了。風一種體裁是很難斷定時代的，因為民間歌詞可以流傳很久，經好多變化，才著竹帛：譬如現在人所寫下的歌謠，許多是很長久的物事，只是寫下的事在後罷了。《豳風・七月》是一篇封建制度下農民的歲歌，這樣傳來傳去的東西都是最難斷定他的源流的。《風》中一切情詩，有些或可考時代者，無非在語言和稱謂的分別之中，但語言之記錄或經後人改寫（如「吾車既工」之「吾」改為「我」，石鼓文可證，「吾」、「我」兩字大有別），稱謂之差別又沒有別的同時書可以參映，而亞當夏娃以來的故事和情感，又不是分甚麼周漢唐宋的，所以這些東西的時代岂不太難斷定嗎？不過《國風》中除《豳》《南》以外，所舉人名都是春秋時人，大約總是春秋時詩最多，若列國之分，乃反用些殷代周初的名稱，如邶、鄘、衛、唐等名，則辭雖甚後，而各國風之自為其風必有甚早的歷史了。約而言之，《詩三百》之時代一部分在西周之下半，一部分在春秋之初期中期，這話至少目前可以如此假定。那麼，如果春秋時遺文尚多可見者，則這些事不難考定，可惜記春秋時書只有《國語》一部寶貝，而這個寶貝不幸又到漢末為人割裂成兩部書，添了許多有意作偽的東西，以致我們現在不得隨便使用。但我們現在若求知《詩》在春秋時的作用，還不能不靠這部書，只是在用他的材料時要留心罷了。我想，有這樣一個標準可以供我們引《左傳》《國語》中論《詩》材料之用：凡《左傳》《國語》和毛義相合者，置之，怕得是他們中間有狼狽作用，是西漢末治古文學者所加所改的；凡《左傳》《國語》和毛義不合者便是很有價值的材料，因為這顯然不是治古文學者所加，而是幸免於被人改削的舊材料。我們讀古書之難，難在真假混着，真書中有假材料，例如《史記》；假書中有真材料，例如《周禮》；真書中有假面目，例如《左傳》《國語》；假書中有真面目，例如東晉偽《古文尚書》。正若世事之難，難在好人壞人非常難分，「涇以渭濁」，論世讀書從此麻煩。言歸正傳，拿着《左傳》《國語》的材料求《詩》在春秋時之用，現在未作此工夫不能預斷有幾多結果，但憑一時記憶所及，《左傳》中引《詩》之用已和《論語》中《詩》之用不兩樣了。一、《詩》是列國士大夫所習，以成辭令之有文；二、《詩》是所謂「君子」所修養，以為知人論世議政述風之資。

說到《詩》和孔丘的關係，第一便要問：「孔丘究竟刪詩不？」說刪《詩》最明白者是《史記》：「古者《詩》三千餘篇，及至孔子，去其重，取可施於禮義，上採契后稷，中述殷周之盛，至幽厲之缺，始於衽席，三百五篇，孔子皆弦歌之，以求合《韶》《武》《雅》《頌》之音，禮樂自此可得而述。」這話和《論語》本身顯然不合。「詩三百」一詞，《論語》中數見，則此詞在當時已經是現成名詞了。如果刪《詩》三千以為三百是孔子的事，孔子不便把這個名詞用得這麼現成。且看《論語》所引《詩》和今所見只有小異，不會當時有三千之多，遑有刪詩之說，《論語》《孟》《荀》書中俱不見，若孔子刪《詩》的話，鄭、衛、桑間如何還能在其中？所以太史公此言，當是漢儒造作之論。現在把《論語》中論《詩》引《詩》的話抄在下面。

《學而》

1 子貢曰：「貧而無諂，富而無驕，何如？」子曰：「可也，未若貧而樂，富而好禮者也。」

子貢曰：「《詩》云『如切如磋，如琢如磨』，其斯之謂與？」

子曰：「賜也始可與言《詩》已矣，告諸往而知來者。」

《為政》

2 子曰：「詩三百，一言以蔽之，曰，思無邪。」

3 三家者，以雍徹，子曰：「『相維辟公，天子穆穆』，奚取於三家之堂？」

4 子夏問曰：「『巧笑倩兮，美目盼兮，素以為絢兮』，何謂也？」子曰：「繪事後素。」

曰：「禮後乎？」子曰：「起予者商也，始可與言《詩》已矣。」

5 子曰：「《關雎》樂而不淫，哀而不傷。」

6 子謂《韶》盡美矣，又盡善也；謂《武》盡美矣，未盡善也。

《泰伯》

7 曾子有疾，召門弟子曰：「啟予足，啟予手。《詩》云『戰戰兢兢，如臨深淵，如履薄冰』，而今而後，吾知免夫，小子！」

8 子曰：「興於《詩》，立於禮，成於樂。」

9 子曰：「師摯之始，《關雎》之亂，洋洋乎盈耳哉！」

《子罕》

10 子曰：「吾自衛反魯，然後樂正，《雅》《頌》各得其所。」

11「唐棣之華，偏其反而。豈不爾思？室是遠而！」子曰：「未之思也，夫何遠之有？」

《先進》

12 南容三復白圭，孔子以其兄之子妻之。

《子路》

13 子曰：「誦《詩三百》，授之以政，不達；使於四方，不能專對：雖多，亦奚以為！」

《衛靈公》

14 顏淵問為邦。子曰：「行夏之時，乘殷之輅，服周之冕，樂則《韶》《舞》。放鄭聲，遠佞人；鄭聲淫，佞人殆。」

《季氏》

15 齊景公有馬千駟，死之日民無德而稱焉。伯夷、叔齊餓於首陽之下，民到於今稱之。「誠不以富，亦祇以異」，其斯之謂與？（此處朱註所校定之錯簡）

16 陳亢問於伯魚曰：「子亦有異聞乎？」對曰：「未也。嘗獨立，鯉趨而過庭，曰：『學《詩》乎？』對曰：『未也。』『不學《詩》無以言！』鯉退而學《詩》。他日，又獨立，鯉趨而過庭，曰：『學禮乎？』對曰：『未也。』『不學禮無以立！』

鯉退而學禮。聞斯二者。」

《陽貨》

17 子曰：「小子何莫學夫《詩》？《詩》可以興，可以觀，可以羣，可以怨。邇之事父，遠之事君。多識於鳥獸草木之名。」

18 子謂伯魚曰：「女為《周南》《召南》矣乎？人而不為《周南》《召南》，其猶正牆面而立也與？」

19 子曰：「惡紫之奪朱也，惡鄭聲之亂雅樂也，惡利口之覆邦家者！」

20 子所雅言，《詩》《書》、執禮，皆雅言也。

從此文我們可以歸納出下列幾層意思：

一、以《詩》學為修養之用；

二、以《詩》學為言辭之用；

三、以《詩》學為從政之用，以《詩》學為識人論世之印證；

四、由《詩》引興，別成會悟；

五、對《詩》有道德化的要求，故既曰「思無邪」，又曰「放鄭聲」；

六、孔子於樂頗有相當的製作，於詩雖曰放鄭聲，鄭聲卻在三百篇中。

以《詩三百》為修養，為辭令，是孔子對於《詩》的觀念。大約孔子前若干年，《詩三百》已經從各方集合在一起，成當時一般的教育。孔子曾編過裏面的《雅》《頌》（不知專指樂或並指文，亦不知今見《雅》《頌》之次序有無孔子動手處），卻不曾達到《詩三百》中放鄭聲的要求。

一、西漢《詩》學

從孟子起，《詩經》超過了孔子的「小學教育」而入儒家的政治哲學。孟子說：「王者之跡熄而《詩》亡，《詩》亡然後《春秋》作。」這簡直是漢初年儒者的話了。孟子論《詩》甚泰甚侈，全不是學《詩》以為言，以為興，又比附上些歷史事件，並不合實在，如「戎狄是膺，荊舒是懲」附合到周公身上。這種風氣戰國漢初人極多，三百篇詩作者找出了好多人來，如周公、奚斯、正考父等，今可於《呂覽》《禮記》、漢經說遺文中求之。於是，一部絕美的文學書成了一部龐大的倫理學。漢初《詩》分三家，《魯詩》自魯申公，《齊詩》自齊轅固生，《韓詩》自燕太傅韓嬰，而《魯詩》《齊詩》尤為顯學。《魯詩》要義有所謂四始者，太史公曰：「《關雎》之亂以為《風》始，《鹿鳴》為《小雅》始，《文王》為《大雅》始，《清廟》為《頌》始。」又以《關雎》《鹿鳴》都為刺詩，太史公曰:「周道缺,詩人本之衽席,《關雎》作;仁義凌遲,《鹿鳴》刺焉。」其後竟以「三百篇」當諫書。這雖於解《詩》上甚荒謬,然可使《詩經》因此不佚。《齊詩》《韓詩》在釋經上恐沒有大異於《魯詩》處,三家之異當在引經文以釋政治倫理。齊學宗旨本異魯學,甚雜五行,故《齊詩》有五際之論。《韓詩》大約去泰去甚,而於經文頗有確見,如殷武之指宋襄公,即宋代人依《史記》從《韓詩》,以恢復之者。今以近人所輯齊、魯、韓各家說看去,大約齊多侈言,韓能收斂,魯介二者之間,然皆是與伏生《書》、公羊《春秋》相印證,以造成漢博士之政治哲學者。

二、《毛詩》

《毛詩》起於西漢晚年,通達於王莽,盛行於東漢,成就於鄭箋;從此三家衰微,毛遂為《詩》學之專宗。毛之所以戰勝三家者,原因甚多,不盡由於宮庭之偏好和政治之力量去培植他。第一,申公、轅固生雖行品為開代宗師,然總是政治的哲學太重,解《詩》義未必盡愜人心,而三家博士隨時抑揚,一切非常異義可怪之論必甚多,雖可動聽一時,久遠未免為人所厭。而《齊詩》雜五行,作侈論,恐怕有識解者更不信他。則漢末出了一個比較上算是去泰去甚的《詩》學,解《詩》義多,作空談少,也許是一個「應運而生」者。第二，一套古文經出來，《周禮》《左氏》動盪一時，造來和他們互相發明的《毛詩》，更可借古文學一般的勢力去伸張。凡為《左傳》文詞所動、《周官》系統所吸者，不由不在《詩》學上信毛捨三家。第三，東漢大儒捨家學而就通學，三家之孤陋寡聞，更誠然敵不過劉子駿天才的製作，王莽百多個博士的搜羅；於是三家之分三家，不能歸一處，便給東京通學一個愛好《毛詩》的機會。鄭康成《禮》學壓倒一時，於《詩》取毛，以他的《禮》學潤色之，《毛詩》便借了鄭氏之系統經學而造成根據，經魏晉六朝直到唐代，成了惟一的《詩》學了。

《毛詩》起源很不明顯，子夏、荀卿之傳授，全是假話。大約是武帝後一個治三家《詩》而未能顯達者造作的，想鬧着立學官（分家立博士，大開利祿之源，引起這些造作不少，尤其在《書》學中多）。其初沒有人採他，劉子駿以多聞多見，多才多藝，想推翻十四博士的經學，遂把他拿來利用了。加上些和從《國語》中搜出來造作成的《左傳》相印證的話，加上些和《詩》本文意思相近的話，以折三家，才成動人聽聞的一家之學。試看《毛傳》《毛序》裏邊有些極不通極陋的話，如「不顯顯也」「不時時也」之類，同時又有些甚清楚甚能見聞雜博的話，其非出於同在一等的人才之手可知。現在三家遺說不能存千百於十一。我們沒法比較《毛詩》對於三家總改革了多少，然就所得見的傳說論，《毛詩》有些地方去三家之泰甚，又有些地方，頗能就《詩》的本文作義，不若三家全憑臆造。所以《毛詩》在歷史的意義上是作偽，在《詩》學的意義上是進步；《毛詩》雖出身不高，來路不明，然頗有自奮出來的點東西。

三、宋代《詩》學

經學到了六朝人的義疏，唐人的正義，實在比八股時代的高頭講章差不多了，實在不比明人大全之學高明了。自古學在北宋復興後，人們很能放膽想去，一切傳說中的不通，每不能逃過宋人的眼。歐陽永叔實是一個大發難端的人，他在史學、文學和經學上一面發達些很舊的觀點，一面引進了很多新觀點，搖動後人（別詳）。他開始不信《詩序》。北宋末幾朝已經很多人在那裏論《詩序》的價值和詩義的折中了。但迂儒如程子反把《毛詩序》抬得更高，而王荊公謂詩人自己作敍。直到鄭夾際所敍之論得一圓滿的否定，顛覆了自鄭玄以來的傳統。朱紫陽做了一部《詩集傳》，更能發揮這個新義，拿着《詩經》的本文去解釋新義，於是一切不通之美刺說掃地以盡，而《國風》之為風，因以大明。紫陽書實是一部集成書，韻取吳才老叶韻之說，叶韻自陳、顧以來的眼光看去，實在是可笑了，但在古韻觀念未出之前，這正是古韻觀念一個胎形。訓詁多採毛、鄭兼及三家遺文，而又通於《禮》學（看王伯厚論他的話）。其以賦比興三體散入雖係創見，卻實不外《毛詩》獨標興體之義。紫陽被人罵最大者是由於這一部書，理學、漢學一齊攻之，然這部書卻是文公在經學上最大一個貢獻，拿着本文解詩義，一些陋說不能傅會，而文學的作用赤裸裸的重露出來。只可惜文公仍是道學，看出這些詩的作用來，卻把這些情詩呼作淫奔，又只敢這樣子對付所謂變《風》，不敢這樣子對付《大雅》《小雅》《周南》《召南》《豳風》，走得最是的路，偏又不敢儘量的走去，這也是時代為之，不足大怪。現在我們就朱彝尊的《經義考》看去，已經可以覺得宋朝人經學思想之解放，眼光之明銳，自然一切妄論謬說層出不窮，然跳梁狐鳴，其中也有可以創業重統者（文公對於文學的觀念每每非常透徹，如他論《楚辭》，《陶詩》，李、杜詩常有很精闢的話，不僅說《三百篇》有創見）。

又宋代人因不安於《毛詩》學，博學者遂搜羅三家遺說。例如羅泌不是一個能考六藝的人，然他發揮《商頌》為《宋頌》，殷武為頌襄公，本之《韓詩》（《韓詩》最後佚），而能得確證。宋末有一偉大的學者王伯厚，開近代三百年樸學之源，現在試把《玉海》附刻各經及《困學紀聞》等一看，已經全是顧亭林、閻百詩以來所做的題目。他在《詩經》學上有《詩考》，考四家詩；有《詩地理考》，已不憑借鄭《譜》。雖然搜羅不多，但創始的困難每每這樣子的。這實在都是《詩》學上最大的題目，比起清儒拘《鄭箋》、拘《毛傳》者，他真能見其大處。

四、明季以來的《詩》學

明季以來《詩》學最大的貢獻是古韻和訓詁兩事，這都是語言學上的事，若在《詩》之作用上反而泥古，不及宋人。陳季立（第）、顧寧人（炎武）始為系統的古韻學，以後各家繼起，自成一統系者十人以上，而江、戴、孔、段、王發明獨多。訓詁方面，專治《詩》訓詁者如陳奐、馬瑞辰、胡承珙諸家，在訓詁學第二流人物中，其疏通諸經以成訓詁公誼者，如惠、戴、段、二王、郝、俞、章等，不以《詩》學專門，而在諸經學之貢獻獨大。但談古音的人每不能審音，又少充分的認識方言之差別，聚周代漢初之韻以為一事，其結果分類之外，不能指實；而訓詁學亦以受音韻學發達之限制，未能建立出一個有本有源的系統來。這是待從今以後的人，用新材料，借新觀點去製造的。話雖這樣，清代人對於《詩經》中訓詁的貢獻是極大的，至於名物禮制，既有的材料太紊亂，新得的材料又不多，所以聚訟去，聚訟來，總不得結論。

從孔巽軒、莊存與諸君發揮公羊學後，今文經學一時震盪全國，今文經學家之治《詩》者，不幸不是那位學博識銳的劉申受，而是那位志大才疏的魏默深。魏氏根本是個文士，好談功名，考證之學不合他的性質，他做《詩古微》，只是要發揮他所見的齊、魯、韓《詩》論而已，這去客觀《詩》學遠着多呢！陳恭甫（壽祺）、樸園（喬樅）父子收集了極多好材料，但尚未整理出頭緒來，這些材料都是供我們用的。

五、我們怎樣研究《詩經》

我們去研究《詩經》應當有三個態度：一，欣賞他的文詞；二，拿他當一堆極有價值的歷史材料去整理；三，拿他當一部極有價值的古代言語學材料書。但欣賞文辭之先，總要先去搜尋他究竟是怎樣一部書，所以言語學、考證學的工夫乃是基本工夫。我們承受近代大師給我們訓詁學上的解決，充分的用朱文公等就本文以求本義之態度，於《毛序》《毛傳》《鄭箋》中尋求今本《詩經》之原始，於三家《詩》之遺說、遺文中得知早年《詩經》學之面目，探出些有價值的早年傳說來，而一切以本文為斷，只拿他當作古代留遺的文詞，既不涉倫理，也不談政治，這樣似乎才可以濟事。約之為綱如下：

（一）、先在詩本文中求詩義。

（二）、一切傳說自《左傳》《論語》起，不管三家、《毛詩》，或宋儒、近儒說，均須以本文折之。其與本文合者，從之；不合者，捨之；暫若不相干者，存之。

（三）、聲音、訓詁、語詞、名物之學，繼近儒之工作而努力，以求奠《詩經》學之真根基。

（四）、禮樂制度，因《儀禮》《禮記》《周禮》等書，現在全未以科學方法整理過，諸子傳說，亦未分析清楚，此等題目目下少談為妙，留待後來。

匆匆擬《詩經》研究題目十事，備諸君有意作此工作者留意。

1. 古代《詩》異文輯

宋刻本異文，諸家校勘記已詳；石經異文，亦若考盡；四家異文，陳氏父子所輯略盡；然經傳引《詩經》處，參差最多，此乃最有價值之參差，但目下尚無輯之者。又漢儒寫經，多以當時書改之，而古文學又屬「向壁虛造」，若能據金石刻文校出若干原字，乃一最佳之工作。例如今本《小雅》中「我車既攻」，石鼓文作「吾車既攻」，「吾」、「我」兩字作用全不同，胡珂各有考證。而工字加了偏旁。漢儒加偏旁以分字，所分未必是，故依之每致誤會。

2. 三家《詩》通誼說

三家《詩》正如《公羊春秋》，乃系統的政治倫理學，如不尋其通誼，如孔、莊諸君出於公羊學，便不得知三家《詩》在漢世之作用。陳恭甫父子所輯材料，既可備用，參以漢時政刑禮樂之論，容可得其一二綱領，這是經學史上一大題目。魏默深在此題中之工作，粗疏主觀，多不足據。

3.《毛詩》說旁證

依《毛詩》為注者，多為《毛序》《毛傳》《鄭箋》考信，此是家法之陋，非我等今日客觀以治歷史語言材料之術。毛氏說如何與古文經若《左傳》《周禮》《爾雅》等印證，尋其端緒之後，或可定《毛詩》如何成立，古文學在漢末新朝如何演成。我等今日豈可再為「毛、鄭功臣」？然後代經學史之大題，頗可為研究之科目。

4. 宋代論《詩》新說述類

宋代新《詩》說有極精闢者，清儒不逮，刪《詩序》諸說，風義刺義諸論，能見其大。若將自歐陽永叔以來之說輯之，必更有勝義，可以拾檢，而宋人思想亦可暫得其一部。

5. 毛公獨標興體說

六詩之說，純是《周官》作祟，舉不相涉之六事，合成之以成秦漢之神聖數（始皇始改數用六）。賦當即屈、宋、荀、陸之賦，比當即辯（章太炎君說），若興乃所謂起興，以原調中現成的開頭一兩句為起興，其下乃是新辭，漢樂府至現代歌謠均仍存此體，顧頡剛先生曾為一論甚精。今可取《毛傳》所標興體與後代文詞校之，當得見此體之作用。

6. 證《詩》三百篇中有無方言的差別？如有之，其差別若何？

歷來論古昔者，不以方音為觀點之一，故每混亂。我們現在有珂羅倔倫君整理出來的一部《廣韻》，有若干名家整理的《詩經》韻，兩個中間差一千年；若就揚子雲《方言》為其中間之階，看《詩經》用韻有循列國方言為變化者否？此功若成，所得必大。

7.《詩》地理考證補

王伯厚考《詩》地理，所據不豐；然我等今日工作，所據材料較前多矣，必有增於前人之功者。《詩》學最大題目為地理與時代，康成見及此，故作《詩譜》，其敍云：「欲知源流清濁之所處，則其上下而有之（此以國別）；欲知風化芳臭氣澤之所及，則旁行而觀之（此以時分）：此《詩》之大綱也。舉一綱而萬目張，解一卷而眾篇明。」先生之志則大矣，先生之結果則不可。康成實不知地理，不能考時代，此乃我等今日之工作耳。從《水經注》入手，當是善法，丁山先生云。

8.《詩經》中語詞研究

《詩經》中語詞最有研究之價值，然王氏父子但知其合，不求其分。如語詞之「言」，有在動詞上者，有在動詞下者，有與其他語詞合者。如證其如何分，乃知其如何用。

9.《詩》中成語研究

即海寧王靜安氏所舉之題。《詩》中成語多，如「亦孔之」「不顯」（即丕顯）等。但就單詞釋詁訓者，所失多矣。

10.《詩》中晦語研究

《詩》中有若干字至今尚全未得其着落者，如時字之在「時夏」「時周」「不時」，及《論語》之「時哉時哉」，此與「時」常訓全不相干，當含美善之義，而不得其確切。讀《詩》時宜隨時記下，以備考核。

11. 抄出《詩》三百五篇中史料

《書經》是史而多誣，《詩經》非史而包含史之真材料，如盡抄出之，必可資考定。

《周頌》

《周頌》大別分兩類：一、無韻的，二、有韻的。無韻的如《清廟》《維天之命》《維清》（此篇之禎字本祺字，故亦非韻），《昊天有成命》《時邁》《武》《賚》《般》皆是，半無韻的如《我將》《桓》是，此外都是有韻的。這些無韻、半無韻的，文辭體裁和有韻的絕然不同，有韻的中間很多近於《大雅》《小雅》的，若這些無韻的乃是《詩三百》中孤伶仃的一類，大約這是《詩經》中最早的成分了。《國語》以其中之《時邁》為周文公作，大約不對；《昊天有成命》一篇已出來了成王。但這些和那些有韻的《周頌》及《大雅》總要差着些時期。近寫《周頌說》一篇，即取以代講義。

周頌說（附論魯、南兩地與《詩》《書》之來源）

凡是一種可以流行在民間的文學，每每可以保存長久，因為若果一處喪失了，別處還可保存；寫下的盡喪失了，口中還可保存。所以有些並沒有文字的民族，他的文學，每每流傳好幾百年下去，再書寫下來，其間並不至於遺失。至於那些不能在民間流行的文字，例如藏在政府的，僅僅行於一個階級中的，一經政治的劇烈變化，每每喪失得剩不下甚麼。這層事實很明顯，不用舉例。照這層意思看《詩》《書》，《詩》應比《書》的保存可能性大。若專就《詩》論，我們也當覺得最不容易受政治大變動而消失或散亂者，是《國風》；最容易受政治大變動而消失或散亂者，是《頌》。誠然不錯，在口中流傳並不著於竹帛之文詞，容易改變，但難得因一個政治大變化喪失得乾淨，若保存在官府的事物，流動改變固難，一下子掉了卻很容易。《周書》《周詩》現在的樣子好不奇怪！《周書》出於伏生者，只有號為武王伐紂的兩篇，即《牧誓》《洪範》，和關於周公的十多篇，從《金縢》到《立政》，成王終、康王即位的二篇，以下還只有涉及甫侯的一篇是西周，此外皆東周了。何以周公的分量佔這麼大？宗周百年中書的分配這麼不平均？再看《周詩》，《大雅》《小雅》《頌》中兩個大題目是頌美文武，稱道南國，二南更不必說，何以南國的分量佔這麼多？宗周百年中《詩》的分配這麼不平均？這都不能沒有緣故吧？或者宗周的《詩》《書》經政治的大變動而大亡佚，在南、魯兩處，文之守獻之存獨多些，故現在我們看見《詩》《書》顯出這個面目來？

現在且就《周頌》說。《周頌》有兩件在《詩經》各篇中較不同的事，一、不盡用韻，二、不分章，王靜安君以此兩事為頌聲之緩，皆揣想之詞，無證據可言。且《魯頌》有摹《周頌》處，《商頌》（實《宋頌》）更有摹《魯頌》《周頌》處。《魯頌》《商頌》皆用韻，是頌之一體可韻可不韻。大約韻之在詩中發達，由少到多。《周頌》最先，故少韻；《魯頌》《商頌》甚後，用韻一事乃普遍，便和風、雅沒有分別了。又《魯頌》《商頌》皆分章，且甚整齊，如《大雅》《小雅》；是《周頌》之不分章，恐另有一番緣故。若如王君聲緩之說，《魯頌》《商頌》之長又要怎麼辦？王君意在駁儀徵阮君之釋《頌》義，所以把這兩事這樣解了，其實阮君釋《頌》不特「本義至確」(王君語)，即他謂三《頌》各章皆是舞容，亦甚是。王君之四證中，三證皆懸想，無事實；一證引《燕禮·記》《大射儀》，也不是證據，只是憑着推論去，拿他所謂禮文之繁證其聲緩。《儀禮》各儀因說得每每最繁，不止於這一事，且由禮繁亦不能斷其聲緩，蓋《時邁》一章奏時無論如何緩，難得延長三十四節，若必有這麼一回事，必是夾在中間，或首末奏之。又由聲緩亦不能斷定他不屬於舞詩。阮君把《頌》皆看做舞詩，我們現在雖不能篇篇找到他是舞詩之證據，但以阮君解釋之透澈，在我們得不到相反的證據時，我們不便不從他。因為頌字即是容字，舞乃有容，樂並無容，何緣最早之頌即出於本義之外？所以若從阮君釋頌之義，便應從阮君釋頌之用，兩件事本是一件事，至少在《周頌》中，即頌體之開始中，不應有「觚不觚」之感。現在細看《周頌》實和《大雅》不同，《大雅》多敍述，《周頌》只是些發揚蹈厲之言，只到《魯頌》《商頌》才有像《大雅》的。金奏可以敍述，舞容必取蹈厲。若是《周頌》和《大雅》在用處上沒有一個根本的分別，斷乎不會有這現象的。

《周頌》在用韻上和魯、商兩《頌》的分別應該由於先後的不同，《周頌》在詞語上和《大雅》的分別應該由於用處的不同，若《周頌》的不分章又該是由於甚麼緣故呢？我想《周頌》並非不分章。自漢以來所見其所以不分章者，乃是舊章亂了，傳經者整齊不來，所以才有現在這一面目。有三證：《左傳》宣十二：「楚子曰武王克商，作《頌》曰：『載戢干戈，載櫜弓矢。我求懿德，肆於時夏，允王保之。』又作《武》，其卒章曰：『耆定爾功。』其三曰：『敷時繹思，我徂維求定。』其六曰：『綏萬邦，屢豐年。』」我們用《左傳》證《詩》有個大危險，即《左傳》之由《國語》出來本是西漢晚年的事，作這一番工作者，即是作古《禮》、古文《尚書》《毛詩》《周官》之說者，其有意把他們互相溝通，自是當然。但《國語》原書中當然有些論《詩》《書》的，未必於一成《左傳》之後，一律改完，所以凡《左傳》和《毛詩》《周官》等相發明者，應該不取，因為這許是後來有意造作加入的材料；凡《左傳》和《毛詩》《周官》等相異或竟相反者，應該必取，因為這當是原有的成分，經改亂而未失落的。宣十二年這一段話和毛義不同，這當然不是後來造作以散入者。這一段指明《武》之卒章、三章、六章，此是一證。現在看《周頌》各篇文義，都像不完全的，《閔予小子》《訪落》《敬之》《小毖》或及《烈文》合起來像一事，合起來才和《顧命》所說的情節相合，此種嗣王踐阼之儀，不應零碎如現在所見《周頌》本各章獨立的樣子。又《載芟》《良耜》《絲衣》三篇也像一事，《載芟》是耕耘，《良耜》乃收獲，《絲衣》則收獲後燕享。三篇合起有如《七月》，《絲衣》一章恰像《七月》之亂，不過《七月》是民歌，此應是稷田之舞。又《清廟》以下數章，尤其現出不完全的樣子，只是他們應該如何湊起來，頗不易尋到端緒。此是二證。《魯頌》《商頌》雖然有演變，然究竟應該是繼續《周頌》者，果然《魯頌》《商頌》無不是長篇者，若把他們也弄得散亂了，便恰是現在所見《周頌》的面目。此是三證。外證有《左傳》宣十二年所記，內證有文義上之當然，旁證有《魯頌》之體裁，則《周頌》之本來分章，當無疑問。舞為事節最繁者，節多則章亦應多，乃反比金奏為短，不分章節，似乎沒有這個道理。至於在《詩三百》中《周頌》何以獨零亂得失了節章，當因《頌》只是保存於朝廷的，不是能「下於大夫」的，一朝國家亡亂，或政治衰敗，都可散失的。《國風》固全和這事相反，即《大雅》《小雅》也不像這樣專靠朝廷保存他的面目的。

如上所說，《周頌》不分章由於舊章已亂，傳他的人沒法再分出來，然則我們現在在《周頌》中可能找出幾件東西的頭緒來？可能知道現在三十一章原來是些甚麼東西零亂成的？答曰：《周頌》零亂了，可以有三件事發生：一、錯亂，即句中之錯亂，及不同在一章之句之錯亂；二、次序之顛倒；三、章節之亡失。孟子引《詩》，「立我烝民，莫匪爾極」之下，尚有「不識不知，順帝之則」，今此語見《大雅・思文》篇中，「莫匪爾極」下乃「貽我來牟，帝命率育」兩句，不知誰是錯亂者，或俱是經過錯亂的。宣十二年《傳》，《武》之三章有「敷時繹思，我徂惟求定」，《武》之六章有「綏萬邦，屢豐年」，今《桓》在《賚》之前。至於各章不盡在三十一章別有遺失，恐怕更不能免的了。所以若求在這三十一章中尋出幾個整篇來，是做不到的。但究竟是哪些篇雜錯在這三十一章中，還有幾個端緒可尋。

其一曰《肆夏》。《左傳》宣十二年「武王克商，作《頌》曰：『載戢干戈，載櫜弓矢。我求懿德，肆於時夏，允王保之。』」今在《時邁》，他章無可考。後來樂名夏或大夏者，恐是由此名流演。

其二曰《武》，或曰《大武》。《左傳》宣十二年記其卒章、三章、六章中語，今在《武》《賚》《桓》三章中，他章無可考。據《左傳》宣十二年語，《武》乃克殷後作，所記念者為武成之義，故莊王於此推論出武之七德來：禁暴、戢兵、保大、定功、安民、和眾、豐財。《武》為儒者所稱道，在儒家的禮樂及政治的理論中據甚高的地位。王靜安君據《樂記》所記之舞容，從《毛詩》之次敘，把《大武》六章作成一表，其說實無證據，現在先錄其表如下：

	一成	再成	三成	四成	五成	六成
所象之事	北出	滅商	——	南國是疆	分周公左召公右	復綴以崇
舞容	總干山立	發揚蹈厲	——	——	分夾而進	武亂皆坐
舞詩篇名	《武宿夜》	《武》	《酌》	《桓》	《賚》	《般》

舞詩	昊天有成命，二后受之。成王不敢康，夙夜基命宥密。於緝熙，單厥心，肆其靖之。	於皇武王，無競維烈。允文文王，克開厥後。嗣武受之，殷勝遏劉，耆定爾功。	於鑠王師，遵養時晦。時純熙矣，是用大介。我龍受之，蹻蹻王之造。載用有嗣，實維爾公允師。	綏萬邦，婁豐年，天命匪解。桓桓武王，保有厥士，于以四方，克定厥家。於昭于天，皇以間之。	文王既勤止，我應受之。敷時繹思，我徂維求定。時周之命。於繹思！	於皇時周，涉其高山，嶞山喬嶽，允猶翕河。敷天之下，裒時之對，時周之命。

他事不必論，即就舞容與舞詩比較一看，無一成合者，王君於六成之數每成之容，是從《樂記》的，於次敍是後《毛詩》的，但《毛詩・周頌》之次序如可從，何以王君明指之六篇別在三處，相隔極遠？故《毛詩》次序如可從，王說即不成立，《樂記》的話如可據，則《武》之原樣作《樂記》者已不可聞，他明明白白說：「有司失其傳。」現在抄下《樂記》此一節語，一覽即知其不可據。

賓牟賈侍坐於孔子，孔子與之言及樂，曰：「夫《武》之備戒之已久，何也？」對曰：「病不得其眾也。」(《武》謂周舞也，備戒擊鼓警眾，病猶憂也，以不得眾心為憂，憂其難也。)「詠歎之，淫液之，何也？」對曰：「恐不逮事也。」(詠歎、淫液，歌遲之也。逮，及也。事，戎事也。)「發揚蹈厲之已蚤，何也？」對曰：「及時事也。」（時至武事當施也。）「《武》坐致右，憲左，何也？」對曰：「非《武》坐也。」（言《武》之事無坐也。致，謂膝至地也。憲，讀為軒，聲之誤。）「聲淫及商，何也？」對曰：「非《武》音也。」（言《武》歌在正其軍，不貪商也。時人或說其義為貪商也。）子曰：「若非《武》音，則何音也？」對曰：「有司失其傳也，若非有司失其傳，則武王之志荒矣。」（有司，典樂者也。傳，猶說也。荒，老耄也。言典樂者失其說也，而時人妄說也。《書》曰，王耄荒。）子曰：「唯。丘之聞諸萇弘，亦若吾子之言也。」（萇弘，周大夫。）賓牟賈起，免席而請曰：「夫《武》之備戒之已久，則既聞命矣，敢問遲之遲而又久，何也？」（遲之遲，謂久立於綴。）子曰：「居，吾語女。夫樂者，象成者也，總干而山立，武王之事也；發揚蹈厲，太公之志也；《武》亂皆坐，周召之治也。」（居，猶安坐也。成，謂已成之事也。總干，持盾也。山立，猶正立也。象武王持盾正立待諸侯也。發揚蹈厲，所以象武時也。武舞，象戰鬬也。亂，謂失行列也。失行列則皆坐，象周公召公以文止武也。）且夫《武》，始而北出，再成而滅商，三成而南，四成而南國是疆，五成而分，周公左，召公右，六成復綴以崇。（成，猶奏也，每奏武曲一終為一成。始奏象觀兵盟津時也，再奏象克殷時也，三奏象克殷有餘力而反也，四奏象南方荊蠻之國復畔者服也，五奏象周公召公分職而治也，六奏象兵還振旅也。復綴，反位止也。

崇，充也。凡六奏以充武樂也。）天子夾振之，而駟伐盛威於中國也。（夾振之者，王與大將夾舞者振鐸以為節也。駟當為四，聲之誤也。武舞，戰象也。每奏四伐，一擊一刺為一伐。《牧誓》曰：「今日之事，不過四伐五伐。」）分夾而進，事蚤濟也。（分，猶部曲也。事，猶為也。濟，成也。舞者各有部曲之列，象用兵務於早成也。）久立於綴，以待諸侯之至也。（象武王伐紂，待諸侯也。）

且女獨未聞牧野之語乎？（欲語以作武樂之意。）武王克殷反商，未及下車，而封黃帝之後於薊，封帝堯之後於祝，封帝舜之後於陳；下車，而封夏后氏之後於杞，投殷之後於宋，封王子比干之墓，釋箕子之囚，使之行商容而復其位。庶民弛政，庶士倍祿。濟河而西，馬散之華山之陽，而弗復乘；牛散之桃林之野，而弗複服；車甲衅而藏之府庫，而弗復用；倒載干戈，包之以虎皮；將帥之士，使為諸侯，名之曰「建櫜」。然後天下知武王之不復用兵也。（反商，當為及，字之誤也。及商，謂至紂都也。《牧誓》曰：「至于商郊，牧野。」封，謂故無土地者也。投，舉徙之辭也。時武王封紂子武庚於殷墟，所徙者，微子也。後周公更封而大之。積土為封，封比干墓，崇賢也。行，猶視也；使箕子視商禮樂之官賢者所處，皆令反其居也。弛政，去其紂時苛政也。倍祿，復其紂時薄者也。散，猶放也。桃林，在華山傍。甲，鎧也。衅，釁字也。兵甲之衣曰櫜，鍵櫜，言閉藏兵甲也。《詩》曰:「載櫜弓矢。」《春秋傳》曰:「垂櫜而入。」《周禮》曰:「櫜之欲其約也。」薊或為續，祝或為鑄。）散軍而郊射，左射《狸首》，右射《騶虞》，而貫革之射息也；裨冕搢笏，而虎賁之士說劍也；祀乎明堂，而民知孝；朝覲，然後諸侯知所以臣；耕藉，然後諸侯知所以敬：五者天下之大教也。（郊射，為射宮於郊也。左，東學也；右，西學也。《狸首》《騶虞》所以歌為節也。貫革，射穿甲革也。裨冕，衣裨衣而冠冕也。裨衣，衮之屬也。搢，猶插也。賁，憤怒也。文王之廟為明堂制。耕藉，藉田也。）食三老、五更於大學，天子袒而割牲，執醬而饋，執爵而酳，冕而總干，所以教諸侯之弟也。（三老五更，互言之耳，皆老人更知三德五事者也。冕而總干，親在舞位也。周名大學曰東膠。）若此，則周道四達，禮樂交通，則夫《武》之遲久，不亦宜乎？

此節明明是漢初儒者自己演習武舞之評語。《牧誓》雖比《周誥》像晚出，卻還沒有這一套戰國晚年的話，後來竟說到「食三老五更於太學」，秦爵三老五更都出來了，則這一篇所述《武》容之敍，即使不全是空話，至少亦不過漢初年儒者之《武》。且裏邊所舉各事，如「聲淫及商」，可於《大雅》之《大明》《緜》中求之;「發揚蹈厲，大公之志也」，在《大明》裏;「北出」在《篤公劉》《文王有聲》裏;「南國是武」在《崧高》裏；其餘詞皆抽象，不難在《大雅》中尋其類似。這樣的一篇《大武》，竟像一部《大雅》的集合，全不合《周頌》的文詞了。大約漢初儒者做他的理想的《大武》，把《大雅》的意思或及文詞拿進去，《樂記》所論就是這。不然，《武》為克殷之容，而「南國是式」，遠在成康以後，何以也搬進去呢？

其三曰《勺》。現在《毛詩》裏還有《酌》一篇。酌本即勺字之後文，猶祼之本作果，醴之本作豊，漢儒好加偏旁，義解反亂。《酌》篇即《勺》，歷來法家用之，勺字見《儀禮・燕禮》「若舞則勺」，《禮記・內則》有「十三年學誦《詩》舞勺，成童舞象，學則御」。熊安生謂即《勺》篇。勺、韶兩字在聲音上古可通。勺與今在平聲之韶同紐，與在去聲之召小差，而此差只是由 ʑ 到 d̥，珂羅倔倫君證此差通例在古代無有。勺以 k 收聲，韶以 u，漢語及西洋語為例不少，珂羅倔倫君亦會證宵藥等部乃去入之對轉（見他所著《漢語分析字典序》），我們試看以勺為形聲之字，多數在入，而約、釣、尥諸字在去聲，約且在《廣韻》與召同部。召與勺在聲音上既可同源，我們現在可假設召、勺之分由方言出，因韶之錯亂，而勺、韶在後來遂為實有小異之名，蓋同源異流，因流而變，而儒者不之知也。今先看古書中韶、勺相連處：《荀子・樂論》：「舞《韶》歌《武》。」孔子時尚未以歌舞為《武》《韶》之對待。（「樂則《韶》舞」四句，乃後人三代損益之說，決非《論語》舊文，別處詳論之。）而後人謂勺乃但云舞，是舞《韶》者舞

《勺》也。又，《春秋繁露・質文篇》以《勺》為周文公頌克殷之事，顯見《勺》與《武》關係之密切，惟《韶》可如此來源，與《武》為比，若果如《內則》所記為小舞，則不當尸此大用。又《漢書・董仲舒傳》引武帝詔，以為在虞莫盛於《韶》，在周莫盛於《勺》，此雖言其異，實是言其同類。大約召樂在魯地者，失而為不完之《勺》，遂有小實，然仍不忘其為周物，其流行故虞地者，仍用「召」名，遂與虞舜之傳說牽連，然仍可見其與《勺》同類，此例實證其通也。再看其相異，《周禮》韶、勺並舉，然《周禮》舉事物盡是把些不同類且相出入的事湊成者，如六書六詩，原是不別擇的大綜合，則一物在後來以方言而有二名，二名亦因殊方不盡同實者，被他當做兩事，初不奇怪。《荀子・禮論》亦雜舉韶、武、勺、濩、象、箾及八種樂器，然《荀子・禮論》類漢儒敷論，故多舉名物，不若《樂論》純是攻墨者之言，較為近古。《呂氏春秋・古樂》《音始》兩篇舉樂舞之名繁多，獨不及《勺》，而舉九招之名。如此看去，由召流為勺者，在魯失其用而有大號，由召流入虞者，仍用韶名，樂舞唐大，而被遠稱。這個設定似乎可以成立。加偏旁既多是漢儒事，則韶之原字必為召，招更是後起之假借字了。此說如實，則今《詩》中至少尚有《韶》之一章。召字為樂之稱，準以夏頌文王，武頌武王，舞名皆是專名之例，得名當和召公為一事。孔子對於《韶》《武》覺得《韶》能盡美盡善，《武》卻只能盡美，未能盡善，當是由於《韶》之作在《武》後，青出於藍而青於藍。且武紀滅商，陳義總多是些征伐四國戎商必克的話，《韶》之作乃在周室最盛的時候，當是較和平的舞樂，用不着甚多的干戈戚斧。《內則》鄭注：「先學勺，後學象，文武之次也。」孔疏：「舞勺者，熊氏云，言十三之時，學此舞勺之文舞也，成童舞象者，成童謂十五以上，舞象謂舞武也，熊氏云，謂用干戈之小舞也，以其年尚幼，故用文武之小舞也。」孔子對此文舞遂稱曰盡善，對彼武舞還以為不能盡善。《雅》《頌》在孔子時之魯國本已亂了，大約由於喪失，改作，及借用。《論語》：「子曰：『吾自衛反魯，然後樂正，雅、頌各得其所。』」則必以先已經不得其所。又，三家者以雍徹，子曰：「相維辟公，天子穆穆，奚取於三家之堂！」則已把《周頌》借用到他事。《韶》並已亡於魯，《論語》：「子在齊聞《韶》，三月不知肉味，曰：『不圖為樂之至於斯也。』」孔子適齊在年三十五以後，見《孔子世家》，若《韶》還存在魯國，孔子不會到了齊始聞到，樂得那樣。《韶》之大體及本體雖早亡，但從這一個名字流行下來的卻不少。在魯儒家有勺舞，在齊有征招、角招之樂，《孟子・梁惠王下》：「景公說，大戒於國，出舍於郊，召大師曰，為我作君臣相說之樂，蓋征招、角招是也。」《韶》如是稱道召公，則此處征招、角招為君臣相說之樂，去初義還不遠。召公之後召虎戡定南國，韶樂當可行於南國，後來《韶》既與南國有相干，則南國或有此名之遺留：果然《楚辭》中存《招魂》《大招》兩篇。這裏這個招字當即是征招、角招的招字，大招不如此解乃不詞。《招魂・敍》上有「乃下召曰」，遂把招魂之招作為動字，不知《敍》和《招魂》本文全不相干，且矛盾，《招魂》本文勸魂歸家，東西南北俱不可止，《敍》乃言下召之使上天，明是有人將這一篇固有之禮魂之歌，硬加在屈原身上，遂造作這一段故事作《敍》(《楚賦》中如此例者不一，《高唐神女》之《敍》與本文都不相干)。《呂覽・古樂篇》《周禮・春官・大司樂》，皆載九招之名，是由召而出；以「招」名者，在戰國至漢初年多得很了。至於後人何以把韶加在虞身上，大約由於虞地行韶之一種流變，遂以為是出自虞地之先人者。《李斯上秦王書》「鄭衛桑間，韶虞舞象者，異國之樂也」，指明了他的流行地了。

其四曰《象》舞。《毛詩序》在《頌》一部分，雖然說得不大明晰，但還沒有甚支離的話，且頗顧到《詩》本文，或者其中保存早年師說尚多，不便以其晚出及其為古文學一套中物而抹殺(《毛詩》實是古文之最近情理者，不泰不甚，或本有淵源，為古文學者竊取加入其系統內，說別詳)。我們如用毛說，則《維清》為《象》舞之一章。《呂覽・古樂篇》:「成王立，殷民反，命周公踐伐之，商人服象為虐於東夷，周公遂以師逐之，至於江南，乃為三象，以嘉其德。」商地本出象舞，近人已得證據，象舞應是商國之舊，或者周初借用商文化時取之，熊安生以為即在《武》中，未必有本。又春秋時有萬舞，《左傳》記其行於楚:「子反欲蠱文夫人，為館於其側，而振萬焉。」《詩・風》記其行於衛：「簡兮簡兮，方將萬舞。」《商頌》記其行於商：「萬舞有奕。」或亦是商國之舊，遠及南服，未知和象舞有關係否？

其五曰嗣王踐祚之舞。此舞之名今不知，或可於傳記中得到。《閔予》《訪落》《敬之》三篇及《烈文》，均應是這個作用。我不是說這四篇應該合起來屬一篇，但這四篇中必有如何關係，這四篇都不是單獨看便能完全了意思的。現在把《書・顧命》及《詩・閔予小子》《訪落》《小毖》《烈文》《敬之》抄在下面，一校便知嗣王踐祚之容，當甚繁長。

惟四月，哉生霸，王不懌……王曰：「烏乎，疾大漸惟幾。病日臻，既彌留，恐不獲誓言嗣，兹予審訓命女。昔君文王武王，宣重光，奠麗陳教，則肄肄不違，用克達殷，集大命。在後之詞，敬御天威，嗣守文武大訓，無敢昏逾。今天降疾殆，弗興弗悟。爾尚明時朕言，用敬保元子釗，弘濟於艱難，柔遠能邇，安勸小大庶邦。思夫人自亂於威儀，爾無以釗冒貢於非幾。」兹既受命還，出綴衣於庭。越翼日，乙丑，王崩。太保命仲桓、南宮毛、俾爰、齊侯呂伋，以二干戈、虎賁百人，逆子釗於南門之外。……越七日，癸酉……王麻冕黼裳，由賓階。……太史秉書，由賓階躋，御王冊命。曰：「皇后憑玉几，道揚末命，命汝嗣訓，臨君周邦，率循大卞，燮和天下，用答揚文武之光訓。」王再拜，興，答曰：「眇眇予末小子，其能而亂四方，以敬忌天威。」乃受同、瑁。王三宿三祭三咤，上宗曰：「饗！」太保受同，降盥，以異同，秉璋以酢，授宗人同，拜，王答拜，太保受同，祭嚌宅授宗人同，拜，王答拜，太保降，收，諸侯出廟門俟。《顧命》

王出在應門之內，太保率西方諸侯入應門左，畢公率東方諸侯入應門右，皆布乘黃朱，賓稱奉圭兼幣，曰：「一二臣衛，敢執壤奠。」皆再拜稽首。王義嗣德，答拜，太保及芮伯咸進相揖，皆再拜稽首。曰：「敢敬告天子，皇天改大邦殷之命，惟周文武誕受羑若，克恤西土，惟新陟王，畢協賞罰，戡定厥功，用敷遺後人休。今王敬之哉，張皇六師，無壞我高祖寡命。」

以下《康王之誥》（《康王之誥》是報書，然詞義同上）。

王若曰：「庶邦侯甸男衛，惟予一人釗報誥，昔君文武，丕平富，不務咎，厎至齊信，用昭明於天下，則亦有熊羆之士，不二心之臣，保乂王家，用端命於上帝。皇天用訓厥道，付畀四方，乃命建侯樹屏，在我後之人。今予一二伯父，尚胥暨顧綏，爾先公之臣服於先王，雖爾身在外，乃心罔不在王室，用奉恤厥若，無遺鞠子羞。」羣公既皆聽命，相揖趨出。王釋冕，反喪服。《康王之誥》

閔予小子，遭家不造，嬛嬛在疚。於乎皇考，永世克孝。念茲皇祖，陟降庭止，維予小子，夙夜敬止。於乎皇王，繼序思不忘。《閔予小子》

訪予落止，率時昭考。於乎悠哉，朕未有艾。將予就之，繼猶判渙。維予小子，未堪家多難。紹庭上下，陟降厥家。休矣皇考，以保明其身。《訪落》

予其懲而毖後患，莫予荓蜂，自求辛螫。肇允彼桃蟲，拚飛維鳥。未堪家多難，予又集于蓼。《小毖》

烈文辟公，錫茲祉福，惠我無疆，子孫保之。無封靡於國邦，維王其崇之，念茲戎功，繼序其皇之。無競維人，四方其訓之，不顯維德，百辟其刑之。於乎，前王不忘。《烈文》

敬之敬之，天維顯思，命不易哉！無曰高高在上，陟降厥士，日監在茲。維予小子，不聰敬止。日就月將，學有緝熙于光明。佛時仔肩，示我顯德行。《敬之》

以上的排列，並非說《周頌》這幾篇便是可以釋《顧命》的，也不是說這幾篇是和《顧命》同一事，也不是說《周頌》這幾篇原來是一件，不過把這兩事列在一起看，《周頌》這幾篇的作用才更明白。

其六曰稷田之舞。《載芟》《良耜》《絲衣》三篇屬之。《絲衣》一篇尤像《豳風・七月》末章。稷田是當時的大事，自可附以豐長之舞容。

此外必尚有其他殘篇在《周頌》內，只是此時，或者永遠，尋不出頭緒來了。

約上文而言之，《周頌》不分章非原不分章，乃是「不得其所」之後零亂得不分章。其所以在三百篇中獨遭這個厄運者，由於這些事物的本體原是靠政府保存的，政治大變動便大受影響，只剩了些用舊名而變更成了新體的各種舞樂在民間了。東漢末年文化遠高於西周末年，然靈帝以後之大亂，弄得中原眾樂淪亡，魏武平荊州，獲杜夔，善八音，常為漢雅樂郎，尤悉樂事，於是以為軍謀祭酒，使創定雅樂。東漢之亂尚至如此，遑論西周之亡？

大約《周頌》可分三類，一無韻者，二有韻之短章，三有韻之長章，文辭各不同。

上文中涉及兩事，心中尋繹起來覺得關涉頗大者：一、西周亡時是怎麼個樣子？二、《風》《雅》《頌》中關係南者何以這樣大？西周亡時，大約是把文物亡得幾乎光光淨淨。因亡國而遷都，都不是能搬着文物走的；永嘉之亂，沒有搬出甚麼東西到建業來；靖康南渡，沒有搬出甚麼東西到臨安來。東晉文化只靠吳國的底子，南宋文化只靠江南諸軍內的底子。照例推去，則宗周之亡，至少應該一樣損失文獻，遑論平王以殺父之嫌，申侯以殺君之罪，自取滅亡之後，更不能服人的。《小雅・正月》《雨無正》兩篇，記載周既東之初年景況，一望而知當時的周王竟成流離之子，則《詩》《書》《禮》《樂》帶不出來，是當然的。而據周故地者，先是野蠻的犬戎，後是稱中國為蠻夏的戎秦，其少保存勝國文物更不必說。所以現在所見《詩》《書》關於西周者，應該別有來源處，斷不能於既東之周室求之。那麼，來源處在那裏？我想，一是南國，二是魯。

先說南國。照上文說，韶樂與召公當有一種關係，如《武》之於武王。《頌》中既有《勺》一章，則《頌》和南國當不是沒有關係的。就《小雅》論，說到地名人名，涉及南國者不少。《出車》所記是北伐，而北伐之人是南仲；此詩是「玁狁於夷」後「薄言旋歸」者，仿佛當時移鎮南之師以為北征。《六月》之尹吉甫不知即是《大雅・常武》之尹否，若是，則伐玁狁至於太原之人，也曾有事於東南。方叔之方應在西周境內，故玁狁來侵，則侵鎬及方，薄伐狁，則往城於方；《采芑》中以方叔南征，又若移直北之師以為平南。《四月》所記又是「滔滔江漢」，「瞻彼洛矣」亦是東都之詩，《鼓鍾》又有「淮水湝湝」之語，《魚在于藻》有「王在在鎬」之文，然這可是遙祝之語。《小雅》中有地方性之詩，只伐狁涉及西周，其餘皆在南國，或東周區域之內；所記之事，除燕享相見的禮儀外，幾乎大多數是當周室之衰，士大夫感於散亡離亂之詞。《大雅》稱述周先德及克殷功烈者頗多，但除去涉及文武者外，所指地名人名都關涉南國及東周諸侯者。《崧高》之申伯，《江漢》之召虎，《常武》之南仲，乃及《烝民》中「城彼東方」

之仲山甫，皆是南國重要人物；即《韓奕》之韓侯，雖未記其涉南國事，但韓亦近洛，只到召旻，宗周既亡，所思亦是召公之烈。《大雅》自《烝民》以下無不涉南國者。如此看來，《大雅》《小雅》之流傳和南國當有一段因緣。

《大雅》《小雅》不盡是西周詩，有確切之內證。《正月》「赫赫宗周，褒姒滅之」;《雨無正》「周宗既滅」，猶云宗周既滅；《召旻》「昔先王受命，有如召公，日辟國百里，今也日蹙國百里」，從此可知《大雅》《小雅》決不是全數出自西周的。又如上節所舉事實，南國成分佔這麼多，若是出於西周，不會如此偏重南國。宗周三百年間文獻，為甚麼要偏於厲、宣兩朝之一隅？又《大雅》《小雅》之記喪亂，就辭義看去，許多已是「亡國之音哀以思」，至少也是出於兩代的政景，故這些雖未指明南地的，也只能出於南國或東周之初。從這些事實上我們可以斷定《大雅》中總有不少一部分是由南國傳下的。至於《大雅》之述先烈，《小雅》之記禮樂，也許是從南國出來，也許是從東周保存故周禮樂最多的魯國出來，也許春秋初其他列國中還有些保存的，現在未能決定；不過鼓鍾明言「鼓鍾欽欽，鼓瑟鼓琴，笙磬同音，以雅以南，以籥不僭」，雅南配合在一起，則其中關係之大，恐有過於我們上文所敘者。《大雅》《小雅》各篇，以時代論，集在宣、幽、平時代如此多；以地方論，集在南國、徐、淮如此多；以事跡論，集在南國拓土上如此多；以感情論，集在政亂國破上如此多，若把這麼一套作為宗周遺物，則由文王算起，大約宗周有三百年，即令前半詩體不發達，也何至有這樣的分配？若看做大部分自南國出，這樣時代地方事跡分配不平之怪狀，都可釋然了。

《風》中之《周南》《召南》固明指南地，且看他是何時詩，何地詩。二《南》中之地名，有河、汝、江、漢，南不逾江，北不逾河，西不涉岐周任何地名，當是黃河南，長江北，今河南中部至湖北中部一帶。二《南》中之時代，有《何彼襛矣》篇中「平王之孫」一語，證其下及春秋初世；有《甘棠》一篇中「召伯所茇」一語，證其後於《召虎》多少年，這一篇恐正如《大雅》之《召旻》，因喪亂而思先烈；又《汝墳》一篇也言「王室如毀」，恰是在《風》中對待在《雅》中《正月》《十月》《雨無正》等篇者。《南》《雅》之相對已如此合符，至於詞句中相同處更多，不待盡舉，且有連着幾句同者，如「喓喓草蟲，趯趯阜螽。未見君子，憂心忡忡。既見君子，我心則降」，同見《小雅・出車》《召南》《草蟲》。又《毛序》論變風「發乎情止乎禮義」之說，實在只有在二《南》可通，邶、鄘、衛、王、鄭、齊、陳都包括很多並沒有節制的情詩。二《南》之作用實和其他《國風》有些不同：第一，二《南》的情詩除《野有死麕》一篇外都是有節制的；第二，二《南》中不像是些全在庶人中的詩，已經上及士大夫的環境和理想；第三，二《南》各篇，如《關雎》為結婚之樂，《樛木》《螽斯》為祝福之詞，《桃夭》《鵲巢》為送嫁之詞，皆和當時禮制有親切關係，不類其他《國風》詠歌情意之詩，多並不涉於禮樂。《小雅》的禮樂在燕享相見成室稱祝等，二《南》的禮樂在婚姻備祀(《采蘩》《采蘋》)成室稱祝等，禮樂有大小，而同是禮樂。《南》之不同於《風》而同於《雅》者既如此多，則說《南》《雅》當是出於一地之風氣，可以信得過去了。

說到此，不由不問南國究竟是怎麼一回事了。周室之興，第一步是征服了西方所謂伐密伐崇戡黎者，這時候文王對於諸夏，僅做到斷虞芮之訟而已。第二步是東出，武王只做到了誅紂，祿父還是為商主，只把管蔡重兵監着罷了。到周公乃真滅商，以封曹、衛、魯、燕等國。成王時又北出滅唐，以封唐叔。記南國開辟事最早見者是「昭王南征不復」，其前在成康時如何形狀，現在全無明文可見。《大雅》《小雅》開辟南國各詩，《毛序》皆歸之宣王時，但《國語》載宣王事多非善政，既敗於姜氏之戎，又喪南國之師，又興魯難。厲王和幽王並稱，當時戰國時事，厲王只是嚴厲，為國人所逐，彼時之周尚強大，能將熊渠之王號去之，或南征各篇上及厲王，也甚可能者。周之開南國當是很長久的事，南至江漢，封建諸姬，至楚興乃盡滅之(《左傳》:「漢陽諸姬，楚實盡之」)，這樣子決不是一時的事。在周朝最盛的時代開辟了一片新疆土，成了殖民行軍的重地，又接近成周，自然可以發達文化。這一片地有直屬於王室者，有分封諸侯者，直屬於王室者曰周南，分封諸侯統於召伯者曰召南，在這一片地殖民之大夫士所用禮樂，自然可以來自宗周，也可出於諸夏，也不免有些自己的製作。及宗周政變，這些地方大約也很受些影響，平王帶着弒父弒君的罪名來居雒，實在做不出共主的局面來，這些文物的南國，當不能如厲宣時之盛。不過在楚未大時，尚能保持其文物，至周莊王末年，楚始強大，伐申成隨，弄得周人戍申責隨，從此不久，楚武、文兩世幾乎把南國盡滅了，江漢間姬姓的勢力完全失了。成、隨後四五十年間，楚逼中國之勢更大，齊桓公遂稱伯伐楚，宋襄、魯僖、晉文繼續對付南來之逼迫，為春秋之最大事件，晉兩次受伯，一次以義和輔周之東遷，一次以重耳城濮之敗楚，兩事在周史上重要相等。周之宗亡於犬戎，周所封建之南國滅於楚，所謂南國之壽命大約從西周的下半到平王都洛後六七十年間，總也有百多年至百五十多年的歷史。

以上一段不是牽引的話，乃就《史記・周本紀》《楚世家》《十二諸侯表》《左傳》《國語》及《詩》之本文輯合起來的。南國之解既稍清楚，有一謬說可借以掃除者，即周、召分伯一左一右陝西陝東之論。周公稱王滅殷，在武王成王間，其時之召公奭只是一個大臣，雖《君奭》篇中亦不見他和南國有何相干。開辟南國是後起事，那時召伯虎為南國之伯，去召公奭不知有幾世了。周室既亂，南國既亡，召伯之遺愛猶在，南國之衰歷歷在《周南》《召南》《大雅》《小雅》中見之。亡於楚後，南人文化尤為中原所稱，如《論語》:「南人有言，人而無恆，不可以作巫醫，信夫。」

又如《中庸》:「南方之強也，而君子居之。」到《孟子》時才以南為楚而詆之，忘其為文物之遺，猶之東晉人仍謂中原人士為「先帝遺民」，宋齊以後並北地漢人亦稱為索虜矣。南國之孑遺，他的功烈也在人口及詩中。秦時始以陝分中國為二。儒者忘了歷史，遂把召公奭、召伯虎混為一人，以至於東征之周公，平南之召伯，作為同時，更從秦人關內關外之觀念，以陝分二伯。漢初儒者實不知史事，司馬遷說:「學者皆稱周伐紂，居洛邑，綜其實不然，武王營之，成王使召公卜居，居九鼎焉，而周復都豐鎬。至犬戎敗幽王，周乃東徙於洛邑。」西周東周且不知，自然會把召公奭、召伯虎混了的。又戰國人造《牧誓》，把一切西方南方蠻族加入師中，不知周人自讚他的文王之詩，也不敢說這些大話，只舉他伐崇懷虞芮而已。

《書》中有《甫刑》一篇，和其他《周書》都不是一類，且時代前邊接不上周公成王那一大堆，後邊接不上《文侯之命》，來源頗可疑。《詩》中有「生甫及申」語，皆「南國是式」者，甫侯既是南國之一，《甫刑》又記苗事，當亦是南國典書之孑遺者。

南國而外，《詩》《書》從魯國出來的必很多。魯國和儒者的關係，儒者和六藝的關係，是不能再密切的了。戰國初年的儒學，多是由所謂七十子之徒向四方散佈，漢初年的儒學，幾乎全是從齊魯出來，這些顯然的事實還都是後來的。我們且去看《詩》《書》在早年如何流行。《左傳》昭二年，晉侯使韓宣子來聘，觀

《書》於太史氏，見《易象》與《魯春秋》，曰：「周禮盡在魯矣，吾乃今知周公之德，與周之所以王也。」這句話裏有一矛盾處，書之用為泛名，經傳皆曰書，是甚後的事，襄昭之世尚不至此。《論語》中尚且以「書」為今所謂《尚書》之專名，則觀「書」只能觀出所謂《周書》者來，不能觀出《易象》與《魯春秋》來。又《易》和儒學、魯國之關係最淺，《論語》不曾提及《易》一字（今流行本「五十以學易」，本是古文所改，原作亦，從下讀，引見《經典釋文》），而《易》之傳授見於《儒林傳》者，和《易》之作用見於《左傳》等者，均不和儒家相涉。是《易》之入儒當為漢代事，（另論）和周公無干。《春秋》比附於周公，又是古文學之偽說，前人辨之已詳。此處見「《易象》與《魯春秋》」，顯是為古文學者從《國語》裏造出《左傳》來的時候添的，以證其古文說，而不知和上文觀《書》之書字矛盾。這樣看來，「見《易象》與《魯春秋》」，應是為古文學者加入者，原文只是觀《書》於太史氏，遂感於《周禮》盡在矣。伏生所傳《周書》有《牧誓》《洪範》《金縢》《大誥》《康誥》《酒誥》《梓材》《召誥》《雒誥》《多士》《無逸》《君奭》《多方》《立政》《顧命》《費誓》《甫刑》《文侯之命》《秦誓》各篇。《牧誓》《洪範》出來應甚後，文詞甚不合，《牧誓》已是弔民伐罪之思想，和《詩》所記殷周之際事全不同，義解當和《湯誓》《甘誓》同出戰國，為三代造三《誓》以申其弔民伐罪之論。《洪範》更是一套雜學，有若《呂氏春秋》之目錄。《周書》的前端兩篇如此，後端則《費誓》已經余永梁先生考證其非伯禽時物，應和《魯頌》同涉僖公；《甫刑》一篇，上文已說其可出於南國；《文侯之命》《秦誓》已是春秋時物，當另有來源，且以秦之介乎蠻夷間，斷難流傳其文書於河山以東，恐怕這是伏生故為秦博士，由他傳書的痕跡。至於中間由《金縢》《大誥》至《立政》十二篇，都是說周公成王間事，誠可由此感覺到「周禮在魯，周公之德，與周之所以王也」。然則韓宣子之言，即《周書》大部分出於魯國之證。又《大誥》乃周公稱王東征之始，《立政》乃周公將老歸政成王之書，周公佔這麼大的成分，《周誥》幾乎全成了周公之誥，《周書》幾乎全成了周公之書，《周書》中這樣偏重周公，何以《雅》《頌》中不及周公一字，《詩》《書》相反若此？且《金縢》裏邊的話，只有周公之黨與裔可以這樣說，宗周三百年中尤其不能獨有周公居東數年的話語為大典章，則今伏生所傳《周書》之不能出於宗周，可以無疑；而伏生所傳《周書》大部出於魯，即出於周公之黨與裔，亦可信矣。然則《周書》只是魯書，入戰國而首尾附益了幾篇，有來自別一源者，有是儒者造作者，以成伏生入漢所傳。

《詩》中可疑為魯者，為《豳風》。我一向相信豳應在岐周，但現在有三事使我不得不改信《豳風》是魯傳出。一、《金縢》既不能不信其為魯國所出了，偏偏《金縢》中有一解釋《鴟鴞》之文，異常不通。《鴟鴞》本是學鳥語的一首詩，在中國文學中有獨無偶，而《金縢》中偏把他解作周公、管、蔡間事，必是《鴟鴞》

之歌流行之地與《金縢》篇產生之地有一種符合，然後才可生這樣造作成的「本事」。二、《左傳》襄二十九：「吳公子札來聘……為之歌《豳》，曰：美哉《盪》乎，樂而不淫，其周公之東乎！」果然周公之名在《詩》中只見於此處，而東山征戍之歎音，「無使我公歸兮」之欲願，皆和周公之東情景符合。至於《七月》中詞句事節頗同《雅》《頌》，亦可緣魯本是周在東方殖民之國，其保有周之故風，應為情理之常。三、《呂氏春秋・音初》篇：「乃作為破斧之歌，實始為東音。」今《破斧》正在《豳風》，雖附麗之事，不與《呂覽》所記者同，然調子卻是那個調子。有此三證，則《豳風》非出於豳，乃出於宗周在東方殖民之新豳，當是可以成立的了。至於《雅》《頌》中有專自魯國出來者否，未可知。

除南、魯兩地而外，為《詩》《書》之出產地者，尚有宋。箕子之守朝鮮，實以相土時即有遼東(《商頌》:「相土烈烈，海外有截」)，故宗周雖亡，猶可保守東疆，如晉宋南遷，只以遼東文化不發達，後來乃忘了這一段故實。微子朝周，實等於劉姓宗室向王莽獻符命，所謂殷有三仁之中，竟有他來陪襯比干、箕子，當是他的後代宋國的話。殷在亡國時，疆土大，勢力也大，牧野之戰，「殷商之旅，其會如林」，雖把紂殺了，武庚猶在商國。及周公居東，三年經營，才能滅商，遷商頑民，到底不能絕殷祀，並用些恭維話，稱商之德，安諸夏之心。宋不用姓，亦無封爵之號。周朝的習慣，男子稱氏，女子稱姓，然子並非姓，宋國女子以子為號，與箕子之子，公子之子，當是同源。至於公之一辭，本是諸侯及周室大夫之泛稱，《詩》《書》所記都這樣，侯伯子男乃是封建之號（此一說別詳）。所以宋在立國上本有些不同於諸侯者，在遺訓上當有些承受自前者，然商之文物，數次被周人掃盪一空，宋在初年當沒有若何的事物可記。到春秋時，中國之局面大變，周室等於亡國，中原無有力之共主。而戎狄南侵，至於鄭衛，荊楚北窺，盡有南國，諸夏文化幾乎又要遭一場大厄，齊桓拿這些號召做了一番霸業，宋襄公跟着又恢復他的國族主義了。《商頌》即成於此時，若末篇《殷武》，直說襄公伐楚的事業，這本是三家舊說，趙宋人有信之者，而羅泌考證，以荊楚一詞並非商舊，更是明切。《商頌》既為《宋頌》，則《商頌》必自宋出，若《書》中之宋國成分，則當於《商書》中求之。《湯誓》疑是戰國時為弔民伐罪論者做的，可別論；《盤庚》三篇文詞不如《周誥》古，而比其他虞夏商周《書》都古，疑是西周末宋人所追記前代之典。若《高宗肜日》《西伯戡黎》《微子》三篇，以文詞論，當更後。高宗是儒者所稱「三年之喪」一義之偶像，西伯之稱當是宋人之稱文王者，周人自稱曰文王，商宋人稱他曰西伯，《詩》《雅》《頌》絕未提及西伯一名，且周人斷無稱他這一號之理，猶滿洲決不會稱他的先世為建州衛都指揮。殷周之際恐很像大明與清虜之關係，明已亡其半，猶對清說：「貴國昔在先朝，夙膺封號，載在盟府，寧不聞乎？」（《史閣部答多爾袞書》）清虜在初步雖和中國已動干戈，還並不敢對明有貶詞（皇太極《侵明告示》中可見），直到其帝玄燁才為詭辯，說「得國之正無過本朝」，謂本是異國也。此可解釋文王西伯之稱，實因周宋而異，然則《西伯戡黎》又是《宋書》了，《微子》一篇說得微子不是降周為山陽公、崇禮侯，而是遁世，這也很像宋人曲為其建國之君諱者。就這些看，至少可以假定《商書》大部分是《宋書》。

此外尚有一國恐怕和儒者所傳之《詩》《書》有不小關係者，即衛國。衛國所據本紂之都，其地的文化必高，又是周之宗盟中大國。《論語》：「吾自衛反魯，然後樂正，《雅》《頌》各得其所。」或者孔子時代魯國人造作得很自由，「三家者以雍徹」，竟須借衛國所存以正魯國了。《風》中亦以衛詩為最多，而《衛風》即是北音。《呂覽・音始》篇，北音之始為燕燕往飛，今燕燕于飛，在邶鄘衛。

西周亡，文物隨着亡，南亡而「周禮盡在魯矣」。「詩三百」，孔子時已經成了一個現成名詞，則其成立必在孔子前。「三百」之名稱雖成，然孔子所見《詩》和我們所見還有些甚不同處，「唐棣之華，偏其反而，豈不爾思？室是遠而」，已不在《詩經》，猶可說孔子嫌他不通，「未之思也，夫何遠之有」，而刪去了。然如「巧笑倩兮，美目盼兮」，今見《碩人》，下邊並沒有「素以為絢兮」，這是孔子注意的話，也不在了。《左傳》襄二十九年所記吳季札語，不知有沒有古文學者改動，若不是改動過的，則魏文侯時，《詩》之次敘已和現在所見者大都同了。《孟子》《荀子》《禮記》引《詩》分合處常和在現所見者不同，又有些篇目不見者，不知是名稱和今見《毛詩》不同或是遺失。《大戴記・投壺》：「凡《雅》二十六篇，其八篇可歌，歌《鹿鳴》《狸首》《鵲巢》《采蘩》《采蘋》《伐檀》《白駒》《騶虞》。」好幾篇今在二《南》者，放在《雅》中；《伐檀》一篇，又在《魏風》，甚可怪。王靜安先生以為《詩》《樂》早已分傳，恐是。果然這樣，則《雅》《南》關係之切，上文所舉外，又得一證。總而言之，《詩》各部分之集合，應當成於孔子之前，雅、頌、南、鄭之名均見《論語》，其後流傳上大同小異，入漢才有現在所見的「定本」呵。

《論語》說《書》處較少，恐怕孔子所見只是些魯國所傳的周公之《書》，也許有些宋國所傳殷家之《書》，「諒闇三年」，「孝乎惟孝」，恐皆出自《商書》。戰國時大約《尚書》大擴充了一下子，虞夏傳說，弔民伐罪。各種理想，一齊搬進。《大誓》總是戰國時儒者所傳一篇重要《書》。入漢而伏生為二十八篇之定本；然真《書》假《書》永是鬧個不已，只鬧到齊梁人大航頭上二十八字。《詩》之集合在孔子前，孔子以後不過是些少出入，《書》之集合在孔子後，眾來鬧着大變動，《詩》《書》在傳授的生命上是大不同的。我們上文所敘可供人設想《詩》《書》的成分如何因地分析，以證其時代，我也斷定儒者所傳六藝都是和十二諸侯年表一樣，不上於共和的。杞不足征夏，宋不足征殷，雒京不足征周。

附記

以上匆匆論《詩》《書》之成分，只談到輪廓，其詳細的問題待繼續考核材料，搜集證據。我的朋友余永梁先生近謂《方言》頗和《詩》《書》中語有可比較處，正作這番工夫。若成，必得若干比上文所敘確實得多的知識。

《大雅》

一、雅之訓恐已不能得其確義

自漢儒以來釋「雅」一字之義者，很多異說，但都不能使人心上感覺到渙然冰釋。章太炎先生作《〈大雅〉、〈小雅〉說》，取《毛序》「雅者政也」之義，本《孟子》「王者之跡熄而《詩》亡，《詩》亡然後《春秋》作」之說，以為雅字即是跡字，雖有若干言語學上的牽引，但究竟說不出斷然的證據來。又章君說下篇引一說曰：

> 《詩譜》云：「邇及商王，不風不雅。」然則稱雅者放自周。周秦同地，李斯曰：「擊甕叩缶，彈箏搏髀，而呼烏烏快耳者，真秦聲也。」楊惲曰：「家本秦也，能為秦聲，酒後耳熱，仰天拊缶，而呼烏烏。」《説文》：「雅，楚烏也。」雅、烏古同聲，若雁與鳫，鳧與鶩矣！大小雅者，其初秦聲烏烏，雖文以節族，不變其名，作雅者非其本也。

此說恐是比較上最有意思的一說（此說出於何人，今未遑考得）。《小雅・鼓鍾》「以雅以南」，這一篇詩應該是南國所歌，南是地名，或雅之一詞也有地方性，或者雍州之聲流入南國因而光大者稱雅，南國之樂，普及民間者稱南，也未可知。不過現在我們未找到確切不移的證據，且把雅字這個解釋存以待考好了（《論語》「子所雅言，《詩》《書》執禮，皆雅言也」之雅字，作何解，亦未易曉）。

二、《大雅》的時代

《大雅》的時代有個強固的內證。吉甫是和仲山甫、申伯、甫侯同時的，這可以《崧高》《烝民》為證。《崧高》是吉甫作來美申伯的，其卒章曰：「吉甫作頌，其詩孔碩，其風肆好，以贈申伯。」《烝民》是吉甫作來美仲山甫的，其卒章曰：「吉甫作誦，穆如清風，仲山甫永懷，以慰其心。」而仲山甫是何時人，則《烝民》中又得說清楚，「四牡彭彭，八鸞鏘鏘。王命仲山甫，城彼東方。四牡騤騤，八鸞喈喈。仲山甫徂齊，式遄其歸」。《史記・齊世家》：

> 蓋太公之卒百有餘年（按，年應作歲，傳說謂太公卒時百有餘歲也），子丁公呂伋立。丁公卒，子乙公得立。乙公卒，子癸公慈母立。癸公卒，子哀公不辰立（按，哀公以前齊侯謚用殷制，則《檀弓》五世反葬於周之説，未可信也）。哀公時紀侯譖之周，周烹哀公而立其弟靜，是為胡公。胡公徙都薄姑而當

> 周夷王之時，哀公之同母少弟山怨胡公，乃與其黨率營丘人襲攻殺胡公而自立，是為獻公。獻公元年，盡逐胡公子，因徙薄姑都治臨菑。九年，獻公卒，子武公壽立。武公九年，周厲王出奔居彘，十年王室亂，大臣行政，號曰共和，二十四年周宣王初立。二十六年武公卒，子厲公無忌立。厲公暴虐，故胡公子復入齊，齊人欲立之，乃與攻殺厲公，胡公子亦戰死。齊人乃立厲公子赤為君，是為文公，而誅殺厲公者七十人。

按，厲王立三十餘年，然後出奔彘，次年為共和元年。獻公九年，加武公九年為十八年，則獻公元年乃在厲王之世，而胡公徙都薄姑，在夷王時，或厲王之初，未嘗不合。周立胡公，胡公徙都薄姑；則仲山甫徂齊以城東方，當在此時，即為此事。至獻公徙臨菑，乃殺周所立之胡公，周未必更轉為之城臨菑。《毛傳》以「城彼東方」為「去薄姑而遷於臨菑」，實不如以為徙都薄姑。然此兩事亦甚近，不在夷王時，即在厲王之初，此外齊無遷都事，即不能更以他事當仲山甫之城齊。這樣看來，仲山甫為厲王時人，彰彰明顯。《國語》記魯武公以括與戲見宣王，王立戲，仲山甫諫。懿公戲之立，在宣王十三年，王立戲為魯嗣必在其前，是仲山甫及宣王初年為老臣也（仲山甫又諫宣王料民，今本《國語》未紀年）。仲山甫為何時人既明，與仲山甫同參朝列的吉父申伯之時代亦明，而這一類當時稱頌的詩，亦當在夷王厲王時矣。這一類詩全不是追記，就文義及作用上可以斷言。《烝民》一詩是送仲山甫之齊行，故曰:「仲山甫徂齊，式遄其歸。吉甫作誦，穆如清風。仲山甫永懷，以慰其心。」這真是我們及見之最早贈答詩了。

吉甫和仲山甫同時，吉甫又和申伯同時，申伯又和甫侯一時並稱，又和召虎同受王命(皆見《崧高》)，則這一些詩上及厲，下及宣，這一些人大約都是共和行政之大臣。即穆公虎在彘之亂曾藏宣王於其宮，以其子代死，時代更顯然了。所以《江漢》一篇，可在厲代，可當宣世，其中之王，可為厲王，可為宣王。厲王曾把楚之王號去了，則南征北伐，城齊城朔，薄伐玁狁，淮夷來輔，固無不可屬之厲王，宣王反而是敗績於姜氏之戎，又喪南國之人。

《大雅》《小雅》中那些耀武揚威的詩，有些可在宣時，有些定在厲時，有些或者是在夷王時的，既如此明顯，何以《毛序》一律加在宣王身上？曰這都由於太把《詩》之流傳次序看重了：把前面傷時的歸之厲王，後面傷時的歸之幽王，中間一大段耀武揚威的歸之宣王。不知厲王時王室雖亂，周勢不衰，今所見《詩》之次敍，是絕不可全依的。即如《小雅・正月》中言「赫赫宗周，褒姒滅之」,《十月》中言「周宗既滅」，此兩詩在篇次中頗前，於是一部《小雅》，多半變做刺幽王的，把一切歌樂的詩，祝福之詞，都當做了刺幽王的。照例古書每被人移前些，而《大雅》《小雅》的一部被人移後了些，這都由於誤以《詩》之次序為全合時代的次序。

三、《大雅》之終始

《大雅》始於《文王》，終於《瞻卬》《召旻》。《瞻卬》是言幽王之亂，《召旻》是言疆土日蹙而思召公開辟南服之盛，這兩篇的時代是顯然的。這一類的詩是不能追記的。至於《文王》《大明》《緜》《思齊》《皇矣》《下武》《文王有聲》《生民》《公劉》若干篇，有些顯然是追記的。有些雖不顯然是追記，然和《周頌》中不用韻的一部之文辭比較一下，便知《大雅》中這些篇章必甚後於《周頌》中那些篇章。如《大武》《清廟》諸篇能上及成康，則《大雅》這些詩至早也要到西周中季。《大雅》中已稱商為大商，且云：「殷之未喪師，克配上帝。」全不是《周頌》中「遵養時晦」(即「兼弱取昧」義)的話，乃和平的與諸夏共生趣了。又周母來自殷商，殷士祼祭於周，俱引以為榮，則與殷之敵意已全不見。至《盪》之一篇，實在說來鑒戒自己的，末一句已自說明了。

《大雅》不始於西周初年，卻終於西周初亡之世，多數是西周下一半的篇章。《孟子》說：「王者之跡熄而《詩》亡，《詩》亡然後《春秋》作。」這話如把《國風》算進去是不合的；然若但就

《大雅》《小雅》論，此正所謂王者之跡者，卻實在不錯。《大雅》結束在平王時，其中有平王的詩，而《春秋》始於魯隱公元年，正平王之四十九年也。

四、《大雅》之類別

《大雅》本是做來作樂用的，則《大雅》各篇之類別，應以樂之類別而定，我們現在是不知道這些類別的了。若以文詞的性質去作樂章的類別，恐怕是不能通達的。但現在無可奈何，且就所說的物事之不同，分析《大雅》有幾類，也許可借以醒眉目。

甲、述德　《文王》《大明》《緜》《思齊》《皇矣》《下武》《文王有聲》《生民》《篤公劉》九篇，皆述周之祖德。這不能是些很早的文章，章句整齊，文詞不艱，比起《周頌》來，頓覺時代的不同。又稱道商國，全無敵意，且自引為商室之甥，以為榮幸，這必在平定中國既久，與諸夏完全同化之後。此類述祖德詞中每含些儆戒的意思，如《文王》。又《皇矣上帝》一篇，《文王》在那裏見神見鬼，是「受命」一個思想之最充滿述說者，儼然一篇自猶太《舊約》中出的文字。

乙、成禮　成禮之辭，《小雅》中最多，在《大雅》中有《棫樸》《旱麓》《靈臺》《行葦》《既醉》《鳧鷖》《假樂》《泂酌》《卷阿》九篇。

丙、儆戒　《民勞》《板》《盪》《抑》四篇。此類不必皆在周室既亂之後，《周誥》各篇固無一不是儆戒之辭。

丁、稱伐　《崧高》《烝民》《韓奕》《江漢》《常武》五篇皆發揚蹈厲，述功稱伐者，只《常武》一篇稱周王，餘皆誦周大臣者。

戊、喪亂之音　《桑柔》《雲漢》《瞻卬》《召旻》四篇，皆喪亂之辭。其中《召旻》顯是東遷以後語，日蹙國百里矣。《瞻卬》應是幽王時詩，故曰「哲婦傾城」，詞中只言政亂，未及國亡。《桑柔》一篇，《左傳》以為芮伯刺厲王者，當是劉歆所加，曰「靡國不泯」，曰「滅我立王」，皆幽王末平王初政象，厲王雖出奔，王室猶強；共和行政，不聞喪亂，犬戎滅周，然後可云靡國不泯耳。《雲漢》一篇，恐亦是東遷後語，大兵之後，繼以凶年，故曰：「天降喪亂，饑饉薦臻。」《小雅·十月之交》明言宗周已滅，其中又言「降喪饑饉，斬伐四國」，故《雲漢》或與《十月之交》為同時詩。

《小雅》

一、《小雅》《大雅》何以異

《小雅》《大雅》之不在一類，漢初《詩》學中甚顯，故言四始不言三始，而《鹿鳴》《文王》分為《小雅》《大雅》之始。但春秋孔子時每統言曰《雅》，不分大小，如《詩・鼓鍾》「以雅以南」，《論語》「《雅》《頌》各得其所」，都以雅為一個名詞的。即如甚後出的《大戴禮記・投壺》篇所指可歌之雅，有在南中者，而《大雅》《小雅》之分，寂然無聞。我們現在所見《大雅》《小雅》之別，以《左傳》襄二十九年吳季札觀樂一節所指為最早，而《史記》引《魯詩》四始之說，始陳其義。我們不知《左傳》中這一節是《國語》中之舊材料或是後來改了的。我們亦不及知《雅》之分小大究始於何時，何緣而作此分別？大約《雅》可分為小大，或由於下列二事：一、樂之不同；二、用之不同。其實此兩事正可為一事，樂之不同每緣所用之處不同，而所用之處既不同，則樂必不能盡同也，我們現在對於《詩三百》中樂之情狀，所知無多，則此問題正不能解決，姑就文詞以作類別，當可見到《小雅》《大雅》雖有若干論及同類事者，而不同者亦多。《頌》《大雅》《小雅》《風》四者之間，界限並不嚴整，《大雅》一小部分似《頌》，《小雅》一小部分似《大雅》，《國風》一小部分似《小雅》。取其大體而論，則《風》《小雅》《大雅》《頌》各別；核其篇章而觀，則《風》（特別是二《南》）與《小雅》有出入，《小雅》與《大雅》有出入，《大雅》與《周頌》有出入，而二《南》與《大雅》或《小雅》與《周頌》，則全無出入矣。此正所謂「連環式的分配」，圖之如下：

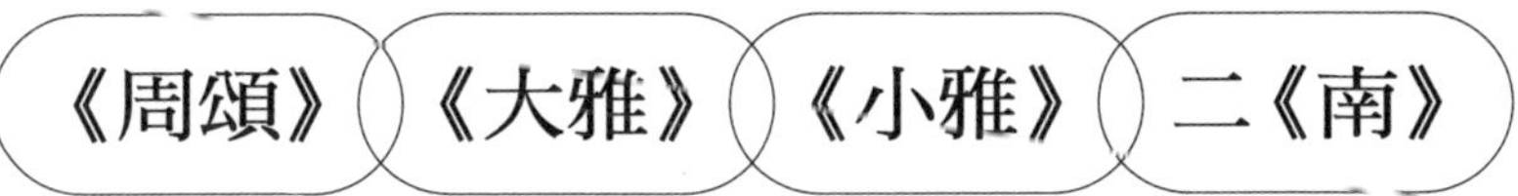

今試以所用之處為標，可得下列之圖，但此意僅就大體，其詳未必盡合也。

宗廟	朝廷	大夫士	民間	
			邶以下國風	《邶》《鄘》《衛》以下之《國風》中，只《定之方中》一篇類似《小雅》，其餘皆是民間歌詞，與禮樂無涉。（王柏刪詩即將《定之方中》置於《雅》，以類別論，故可如此觀，然不如《雅》乃周室、南國之《雅》，非與《邶風》相配者）。
		周南	召南	
	小		雅	
大		雅		
周	頌			
魯頌				
商	頌			

故略其不齊，綜其大體，我們可說《風》為民間之樂章，《小雅》為周室大夫士階級之樂章，《大雅》為朝廷之樂章，《頌》為宗廟之樂章。

二、《小雅》之詞類

《小雅》各篇所敍何事，今以類相從，製為一表，上與《大雅》比，下與二《南》《豳風》比，亦可證上文「連環式的分配」之一說。《國風》中只取二《南》及《豳》者，因《雅》是周室所出，二《南》亦周室所出，《豳》則「周之既東」，其他《國風》屬於別個方土民俗，不能和《雅》配合在一域之內。

表中類別之詞，恐有類似於《文選》之分詩賦者，此實無可如何事，欲見其用，遂不免於作這個模樣的分別了。

大雅	小雅	周南、召南	豳風
述祖德 《文王》《大明》《緜》《思齊》《皇矣》《下武》《文王有聲》《生民》《篤公劉》。			

大雅	小雅	周南、召南	豳風
成禮 《棫樸》《旱麓》《靈臺》《行葦》《既醉》《鳧鷖》《假樂》《泂酌》《卷阿》。	宴享相見稱福之辭 一、宴享 《鹿鳴》《彤弓》（以上賓客）、《常棣》《頍弁》（以上兄弟）、《伐木》（友生）、《魚麗》《南有嘉魚》《南山有臺》《湛露》《瓠葉》（以上未指明宴享者）。 二、相見 《蓼蕭》《菁菁者莪》《庭燎》《瞻彼洛矣》《裳裳者華》《隰桑》《采菽》（此是朝王之詩）。 三、稱福 《天保》《桑扈》《鴛鴦》《斯干》（成室之誦）、《無羊》（誦富）、《楚茨》《信南山》《甫田》《大田》（以上恰是《雅》中之對待七月者）《魚藻》（遙祝五福）。 以上三類但示大別，實不能盡分也。	《樛木》《螽斯》《麟趾》。	《七月》

大雅	小雅	周南、召南	豳風
	四、戎獵 《車攻》《吉日》。	《騶虞》。	
	五、婚樂 《車舝》。	《關雎》《桃夭》《鵲巢》。	
稱伐 《崧高》《烝民》《韓奕》《江漢》《常武》。	六、誦功 《六月》《采芑》《黍苗》。		
儆戒 《民勞》《板》《蕩》。 喪亂 《桑柔》《雲漢》《瞻卬》《召旻》。	怨詩 一、傷亂政 《沔水》《節南山》《巧言》《何人斯》《巷伯》《青蠅》（以上四詩刺讒佞）、《角弓》（刺不親親）、《菀柳》（?）。		
	二、悲喪亡 《正月》《十月之交》《雨無正》《小旻》《小宛》《小弁》。	《甘棠》《汝墳》。	

大雅	小雅	周南、召南	豳風
	三、感憤 《祈父》《黃鳥》《我行其野》《苕之華》《無將大車》。 四、不平 《大東》(頗似《伐檀》)、《四月》《北山》。 以上一與二，三與四，姑假定其分，實不能固以求之。	《小星》。	
	行役及傷離 《四牡》《皇皇者華》《采薇》《出車》《杕杜》《鴻雁》《小明》《鼓鍾》《漸漸之石》《何草不黃》。 雜詩 一、棄婦詞 《谷風》(恰類《邶》之《谷風》)、《白華》。 二、思親之詞 《蓼莪》。	《草蟲》。	《東山》 《破斧》。

大雅	小雅	周南、召南	豳風
	三、怨曠詞 《采綠》。 四、思女子之辭 《都人士》。 五、行路難 《綿蠻》。 六、未解者 《鶴鳴》《白駒》。	《卷耳》《殷其雷》。 以禮為防之詩 《漢廣》《行露》。 愛情詩 《摽有梅》 《江有汜》 《野有死麕》。 婦事及婦詞 《葛覃》《采蘩》《采蘋》 《芣苢》。 狀詩《兔罝》 《羔羊》《何彼襛矣》。	《伐柯》 《九罭》 《狼跋》。
			作鳥語詩《鴟鴞》

三、「雅者政也」

《毛詩・衛序》云：「雅者政也，言王政之所由廢興也。政有大小，故有《小雅》焉，有《大雅》焉。」這句話大意不差，然擔當不住一一比按。《六月》《采芑》諸篇所論，何嘗比《韓奕》《崧高》為小？《瞻卬》《召旻》又何嘗比《正月》《十月》為大？不過就全體論，《大雅》所論者大，《小雅》所論者較小罷了。《雅》與《風》之絕不同處，即在《風》之為純粹的抒情詩（這也是就大體論），《雅》乃是有作用的詩，所以就文詞的發揚論，《風》不如《雅》，就感覺的委曲親切論，《雅》亦有時不如《風》。

四、《雅》之文體

《雅》之體裁，對於《國風》甚不同處有三：第一，篇幅較長；第二，章句整齊；第三，鋪張甚豐。這正是由於《風》是自由發展的歌謠，《雅》是有意製作的詩體。故《雅》中詩境或不如《風》多，《風》中文辭或不如《雅》之修飾。恐這個關係頗有類於《九章》《九辯》與《漢賦》之相對待處。以體裁之發展而論定時代，或者我們要覺得《國風》之大部應在《雅》之大部之先，而事實恰相反。這因為《國風》中各章成詞雖後，而其體則流傳已久；《雅》中各章出年雖早，而實是當年一時間之發展而已。楚國詩體已進化至屈宋豐長之賦，而《垓下》《大風》猶是不整之散章，與《風》《雅》之關係同一道理。

《魯頌》《商頌》述

解釋《詩三百》之爭論，以關於《魯頌》者為最少。以為《魯頌》是僖公時詩，三家及毛《詩》一樣，這正因為《詩》本文中已有「周公之孫，莊公之子」，「令妻壽母」（從朱子讀）的話，即使想作異說，也不可能。但三家《詩》以《魯頌》為僖公時公子奚斯所作，恐無證據。《閟宮》卒章說「寢廟奕奕，奚斯所作」，是《魯頌》頌奚斯，不是奚斯作《魯頌》。三家雖得其時代，而強指名作者，亦為失之。《詩三百》中，除《陳風》外，恐無後於《魯頌》者（《商頌》時代不遠），《魯頌》亦最為豐長。《商頌》既為襄公時物，宋襄卒於魯僖卒前十年，則《魯頌》《商頌》同代，而《魯頌》稍後也。《魯頌》擬《大雅》的痕跡顯然，反與《周頌》不相干，此亦可證《大雅》與《周頌》文詞之異，由於時代之不同，《魯頌》之時代近於《大雅》，故擬其近者；否則《魯頌》以體裁論，固應擬《周頌》不應偏擬《大雅》。

《商頌》之時代，三家說同；《史記・宋世家》：「宋襄公之時，修行仁義，欲為盟主。其大夫正考父美之，故追道契湯高宗殷所以興，作《商頌》。」《韓詩》薛君章句亦然。（《後漢書・曹褒傳》注引）獨《毛傳》立異說，以為「微子至於戴公，其間禮樂廢壞，有正考父者，得《商頌》十二篇於周之太師，以那為首」。這一說與《魯語》合，《魯語》：「閔馬父……曰……昔正考父校商之名《頌》十二篇於周太師，以那為首。」這話是非常離奇的：第一，漢以前不聞有校書之事；第二，《國語》中無端出這一段

《商頌》源流說，我們感覺不類。欲斷此文之為偽加，應先辨者三事。

一、《商頌》是宋詩

宋人自稱商，金文中已有成例(見《積古齋鐘鼎彝器款識》)。《左傳》中此稱尤多(詳見閻百詩所考)。至於《商頌》之不能為商時物，必為宋時物者，王靜安論之甚詳，王君說：

> 《殷武》之卒章曰:「陟彼景山，松柏丸丸。」毛、鄭於景山均無說。《魯頌》擬此章則云「徂徠之松，新甫之柏」，則古自以景山為山名，不當如《鄘風・定之方中》傳「大山」之說也。案，《左氏傳》商湯有景亳之命。《水經注・濟水篇》:黃溝枝流「北逕已氏縣故城西，又北逕景山東」，此山離湯所都之北亳不遠，商丘蒙亳以北惟有此山，《商頌》所詠，當即是矣。而商自盤庚至於帝乙，居殷墟，紂居朝歌，皆在河北；則造高宗寢廟，不得遠伐河南景山之木；惟宋居商丘，距景山僅百數十里，又周圍數百里內別無名山，則伐景山之木以造宗廟，於事為宜，此《商頌》當為宋詩不為商詩之一證也。又自其文辭觀之，則殷墟卜辭所紀祭禮與制度文物，於《商頌》中無一可尋，

其所見之人地名與殷時之稱不類，而反與周時之稱相類，所用之成語並不與周初類，而與宗周中葉以後相類，此尤不可不察也。卜辭稱國都曰商，不曰殷，而《頌》則殷商錯出；卜辭稱湯曰大乙，不曰湯，而《頌》則曰湯，曰烈祖，曰武王，此稱名之異也。其語句中亦多與周詩相襲，如《那》之「猗那」，即《檜風・萇楚》之「阿儺」，《小雅・隰桑》之「阿難」，石鼓文之「亞箬」也；《長發》之「昭假遲遲」，即《雲漢》之「昭假無贏」，《烝民》之「昭假于下」也；《殷武》之「有截其所」，即《常武》之「截彼淮浦，王師之所」也。又如《烈祖》之「時靡有爭」，與《江漢》句同；「約軝錯衡，八鸞鶬鶬」，與《采芑》句同。凡所同者，皆宗周中葉以後之詩，而《烝民》《江漢》《常武》，序皆以為尹吉甫所作，揚雄謂「正考父晞尹吉甫」，或非無據矣。

按王君此說有三證：一、景山在宋；二、《商頌》中稱謂與殷卜辭不同；三、《商頌》中詞句與宗周中葉以後詩之詞句同。二、三兩證斷無可疑，一證則無力。蓋《鄘風・定之方中》亦有「景山與京」之語，此詩乃衛文公成是丘時詩也。恐景山即是大山之義，未必是專名，雖此證未必有着落，然二、三兩證已足證《商頌》為宋詩而有餘矣。

二、《商頌》所稱下及宋襄公

王君斷定《商頌》為宋詩固是精確不移之論，然又以為是宗周中葉之詩，以求合《魯語》正考父校於周太史之說，則由王君一往不取孔廣森、劉逢祿以來辨析古文經作偽之義，故有所蔽，不敢盡從韓義，不免曲為《魯語》說也。請申韓說。《殷武》初章、二章曰：

> 撻彼殷武，奮伐荊楚。罙入其阻，裒荊之旅。有截其所，湯孫之緒。
>
> 維女荊楚，居國南鄉。昔有成湯，自彼氐羌，莫敢不來享，莫敢不來王，曰商是常。

荊蠻稱楚，絕不見於《詩三百》，西周詩中稱伐荊蠻者數次，皆不稱楚，則荊楚之稱乃春秋時事，此是一證。西周之世，王室猶強，禮樂征伐，自王朝出，《大雅》《小雅》所敘各種戰伐事可以為例，斷不容先朝之遺，自整武威；故宋在西周，無伐楚使之來享於宋來王於商之可能：此是二證。《史記・楚世家》：

當周夷王之時，王室微，諸侯或不朝，相伐。熊渠甚得江漢間民和，乃興兵伐庸、楊粵至於鄂。熊渠曰：「我蠻夷也，不與中國之號謚。」乃立其長子康為句亶王，中子紅為鄂王，少子執疵為越章王，皆在江上楚蠻之地。及周厲王之時，暴虐，熊渠畏其伐楚，亦去其王。後為熊毋康，毋康早死。熊渠卒，子熊摯紅立。摯紅卒，其弟弒而代立，曰熊延。熊延生熊勇。……熊勇十年卒，弟熊嚴為后。……熊嚴卒，長子伯霜代立……熊霜六年卒……而少弟季徇立，是為熊徇……熊徇卒，子熊咢立。熊咢九年卒，子熊儀立，是為若敖。若敖二十年，周幽王為犬戎所弒。……二十七年若敖卒，子熊坎立，是為霄敖。霄敖六年卒，子熊眴立，是為蚡冒。蚡冒……十七年卒。蚡冒弟熊通弒蚡冒子而代立，是為楚武王。……三十五年，楚伐隨。隨曰：「我無罪。」楚曰：「我蠻夷也，今諸侯皆為叛，相侵，或相殺。我有敝甲，欲以觀中國之政，請王室尊吾號。」隨人為之周，請尊楚，王室不聽，還報楚。三十七年，楚熊通怒曰：「吾先鬻熊，文王之師也，早終，成王舉我先公，乃以子男田令居楚，蠻夷皆率服，而王不加位，我自尊耳。」乃自立為武王，與隨人盟而去。於是始開濮地而有之。五十一年，周召隨侯，數以立楚為王。楚怒，以隨背己，伐隨；武王卒師中，而兵罷。子文王熊貲立，始都郢。文王二年，伐申。……六年伐蔡。……楚強陵江漢間小國，小國皆畏之。十一年，齊桓公

> 始霸，楚亦始大。十二年，伐鄧，滅之。十三年，卒，子熊䵣立，是為杜敖。杜敖五年，欲殺其弟熊惲，惲奔隨，與隨襲弒杜敖，代立，是為成王。成王惲元年，初即位，布德施惠，結舊好於諸侯。使人獻天子，天子賜胙曰：「鎮爾南方夷越之亂，無侵中國。」於是楚地千里。十六年，齊桓公以兵侵楚，至陘山，楚成王使將軍屈完以兵禦之，與桓公盟。桓公數以周之賦不入王室，楚許之乃去。十八年，成王以兵北伐許，許君肉袒謝，乃釋之。二十二年，伐黃。二十六年，滅英。三十三年，宋襄公欲為盟會，召楚。楚王怒曰：「召我，我將好往，襲辱之。」遂行，至盂，遂執辱宋公，已而歸之。三十四年，鄭文公南朝楚，楚成王北伐宋，敗之泓，射傷宋襄公，襄公遂病創死。……三十九年……晉果敗子玉於城濮。

由這一段看去，楚在周夷王時曾強大，後以厲王故，削其王號。《大雅》《小雅》中所記「蠢爾蠻荊」「荊蠻來威」等語，皆是指厲王宣王對荊用兵事。此後荊蠻頗衰，兄弟爭亂，幽王之亂，不曾乘勢以攻東周。數代之故，經若敖、蚡冒「篳路藍縷以啟山林」（見《左傳》宣公十二年），至於熊通（武王），然後又北向以窺中國，歷翦南國，亡絕江漢舊封。至於晉文之世，息以周姻之侯，申以方伯之遺，竟為楚之戎卒，北戰晉宋矣。厲宣時之伐荊，既非宋之得而參與，而楚在武王文王前，亦無與宋接觸之可能，則宋之伐荊楚者，必為襄公，歷檢《春秋左氏》《史記》，斷斷乎無第二人也。此是三證。總之，西周荊不稱楚，西周伐荊乃王室事，周既東遷之後，宋楚接觸，至襄公始有之，是《韓詩》以《商頌》為襄公時作，太史公述《魯詩》亦然，皆不誣也。

或疑《殷武》之詞甚泰，曰：「撻彼殷武，奮伐荊楚。采入其阻，裒荊之旅。有截其所，湯孫之緒。」若核以《左氏》《史記》所載，宋襄公固未勝楚，霍之盟辱身，泓之戰喪師，幾乎亡國，晉文救之，然後不亡。若此湯孫為襄公，何至厚顏如此？答之曰：《詩》之語誇，一往皆然，即以《周詩》論，玁狁侵鎬，至於涇陽，臨渭濱矣（從王靜安所考，涇陽為秦之涇陽非漢之涇陽）；徐淮侵周，迫雒京矣。而《周詩》所記南征北伐，只記反攻之盛，不言入寇之強。且《殷武》固一面之詞，《左氏》所記亦一面之詞。舊來《國語》應是晉三家將為諸侯或已為諸侯時之人所集，以晉楚等傳說為資料而成者。今如統計《國語》《左傳》時記事，晉最多，楚次之，魯又次之（《左傳》中關涉魯者甚多，然皆敷衍經文語，當非原有），晉楚間小國如周、鄭等又次之，宋甚少，齊尤小。且《左氏》稱晉楚多善言，記魯國多亂政，從此可知原本《國語》之成分，來自晉楚者多，宋齊事恐皆是附見他國者，楚人記宋襄公必另是一面之詞也。今試看《春秋》所記，葵丘之會，襄公與焉；鹹之會，牡丘之會，淮之會，皆與焉。齊桓甫死，襄公即以曹衛邾莒之師伐齊，勝魯而定齊難，於是乎繼齊桓之霸。次年（僖十九年）執滕子嬰齊，與曹人邾人盟於曹南。逾二年（僖二十一年）宋人齊人楚人盟於鹿上。大國之盟，宋人為先，儼然盟主也。其年秋，「宋公、楚子、陳侯、蔡侯、鄭伯、許男、曹伯會於盂」，襄公然後為楚所欺，乘車之會，楚人伏兵執襄公。次年，「宋公、衛侯、許男、滕子伐鄭」，其年冬十一月，然後敗於泓。由是而論，襄公固曾主霸，只是斷爛朝報之《春秋》，所記不詳耳。襄公曾致楚人來，盟之而為主霸，泓之戰前，未必對楚無小勝也。且若合襄公前後兩世看之，宋在當時關係實大。僖四年，「公會齊侯、宋公、陳侯、衛侯、鄭伯、許男、曹伯侵蔡，蔡潰。遂伐楚，次於陘。……楚屈完來盟於師，盟於召陵」。僖六年夏，「公會齊侯、宋公、陳侯、衛侯、曹伯伐鄭，圍新城。秋，楚人圍許，諸侯遂救許」。七年，「公會齊侯、宋公、陳世子款、鄭世子華，盟於甯母」。八年，「公會王人、齊侯、宋公、衛侯、許男、曹伯、陳世子款，盟於洮，鄭伯乞盟」。是齊桓敵楚諸役，襄公之父桓公皆與焉（當時鄭已臣服於楚，故齊桓諸會，子華聽命，鄭伯不來。其後宋襄公時伐鄭，亦以楚故。楚勝宋，鄭文夫人芈氏姜氏勞楚子，取鄭二姬而歸）。襄公卒後，楚勢大張，伐陳滅夔，數次伐宋，幾至入其國，諸侯以宋故盟於宋。至僖公二十八年，晉文敗楚於城濮，然後中國不為楚滅。是則晉文定功，亦緣宋之故也。齊桓晉文之間，宋襄雖小霸而不卒，然齊桓晉文禦南蠻之事業，宋公三世（桓襄成）皆參與之。則「奮伐荊楚」之語，括召陵之盟以言可也。若《殷武》作於襄公卒後，括城濮之役以言亦可也。《殷武》固只言戰荊而勝之，未言荊楚來享。總之，《楚語》以楚為本，一種說法，《殷武》以宋為本，又是一種說法。其詳則「書闕有間」，不可考矣。

就《殷武》看，宋之民族思想在春秋中世又大發達，所謂「自彼氐羌，莫敢不來享，莫敢不來王」者，乃指周之先世臣服於商。羌為周所自出，《大雅》「厥初生民，實為姜嫄」，《魯頌》「赫赫姜嫄，其德不回」。至於氐，疑即狄之異文。

三、《商頌》非考父作

正考父相傳為孔父嘉之父，孔父嘉與殤公同為華父督所殺（桓王十年西曆前 710 年），下逮襄公之立（襄王二年西曆前 650 年），已六十年，時代不相接。故《史記》《韓詩》以《商頌》為襄公時者則是，以為即是正考父作者則非。戰國末漢初人好為《詩》尋作者，故以《周頌》一部分為周文公作（已見《國語》），《魯頌》為奚斯作，《商頌》為正考父作，無非於其國中時代差近之聞人，擇一以當之。此是說《詩》者之附會，不暇詳考年代者也。

宋襄公之為如何人物，《春秋》家與《國語》《左氏》所記絕異。泓之戰，《公羊傳》以為「雖文王之師不為過」。凡記襄公事，無不稱之，襄公受窘，無不諱之。《公羊》於齊桓稱之甚矣，亦未至如此。故宋襄公者，公羊家之第一偶像。《論語》《孟子》無談及襄公者。然以孔子之稱管仲齊桓，孟子之論《春秋》，「其事則齊桓晉文」，又曰「戎狄是膺」，諸義衡之，宋襄自是歷來儒家所傳之賢聖，為中國文化奮鬥者也。儒與宋頗有關係，《國語》則出自晉，不與宋相涉，又非儒家之義，故其記襄公與《詩經》《春秋》有異。劉子駿刺取《國語》材料以為《春秋左氏傳》，凡《公羊》之義彼可得而反者，無不設法盡力反之。《公羊》義之甚重者，如新周、故宋、王魯，《左氏傳》則全無以魯為王之義，而改《公羊》春王正月之王謂文王一義曰「王周正月」，更以周為絕對者，非溯統而述文王。至其抑宋，更不待說矣。

故《商頌》為宋襄公之頌，儒者所傳故說，與事實相合者也。引申而有正考父作之論，傳《詩》者之小傳會也。改正考父之作為校，而曰是商代之詩，劉子駿作偽時所取義，以抑宋之地位，以與三家《詩》立異，以與春秋家立異，於《魯語》中羼入一種不倫不類之言，以證其說者也。劉子駿蓋以自己校書之事加之古人，而忘時代之異，《商頌》說之三段遷移如此。

綜觀《魯頌》《商頌》，齊桓管仲事業之盛可見，宋襄魯僖皆叨桓公之光者耳。齊桓之霸，北伐山戎，以救邢封衛，南伐楚，陳諸侯之兵於召陵，楚既受責，略東夷淮徐以歸。方厲宣之世，玁狁臨渭，徐淮犯雒，南北交侵中國，宣王能自保未能大定也，故幽王遂亡於犬戎。周既東之後，楚又張大，申、息、隨、鄧江漢諸姬，無不翦滅，進迫河、洛之間。齊桓遂於北方功定之後，率諸侯之師以威之，雖未能戰而勝楚，楚不敢不受盟也。魯僖實躬與桓公歷年之盟會，伐楚之役，與師往焉；東略而歸，遵徐淮而反。疑《魯頌》中所言淮夷來同，徐方來同者，未必非由召陵班師之役，桓公助之開始經營。桓公晚年，徐從諸夏，楚伐之，諸夏救之。桓公一死而宋魯鬨，宋納齊孝公，魯亦納公子無虧，宋敗魯。從此宋東聯東夷，主諸夏之盟，以鬪楚，魯則折而為楚（僖十九年，魯與楚盟。魯之折而為楚者，疑由子志切略地徐方。故遠交楚而近攻徐。徐在桓公末年，已折為中夏，楚伐之，同時楚人入舒，舒亦淮上國也。楚魯夾攻徐，則魯之拓地徐方自易。魯僖為自己之利，忘諸夏之義矣）。宋襄之主盟不成者，恐亦由於恢復殷商之觀念甚熾，姬姓諸國所極不願，然毅然抗楚之北上，為齊桓之所不敢為，繼齊桓之志，開晉文之業，誠春秋前半之最大事件。若魯僖則始追齊桓之後，繼背諸夏而為楚，終乃於泓之戰後受楚之獻宋俘。乃曰「戎狄是膺，荊舒是懲」，亦顏之厚矣。若《商頌》之語，雖為辭近誇，就感情論，及誠真無隱。宋人質直，故談愚人每曰宋人（《莊子》宋人資章甫而適諸越，《孟子》宋人有閔其苗之不長而揠之等），而太史公評魯公「揖讓之禮則從矣，而行事何其戾也！」禮云禮云，樂云樂云，魯道之交，如是而已。

一、「國風」一詞起來甚後

「雅」「頌」均是春秋時已經用了的名詞，而風之一詞出來甚後。《論語》上只有「南」「鄭」等稱，無「國風」一個統稱。《詩經》自己文句中有「以雅以南」也不提及風字，其提及風字者，乃反不在風中，如「吉甫作誦，其風肆好」在《大雅》。《左傳·襄二十九年》載吳季札觀樂語，亦不及風字，直曰周南、召南、邶、鄘、衛等等而已。漢儒董仲舒又以《大雅》文王受命為「樂之風也」。漢儒製作的《禮記》各篇中，才有國風這個名詞。現在《國風》各部分都是當時列國的通信歌樂，統言曰《詩》(與《雅》《頌》同)，析言則曰周南、召南，曰邶、鄘、衛，曰王，曰鄭等，必曰風，風乃該雅。山川有異，建國各殊，風土不同，感覺不一，春秋時有人集合之，大體上如我們今日所見，但當時歌詩決不止此，恐和漢魏樂府，唐五季北宋詞一樣，流傳世間者萬千中之十一耳。始也風可該雅，繼則以風對雅，言風雅猶今言雅俗，後來風雅成一名詞，如杜子美詩「別裁偽體親風雅」，風雅即等於雅，猶之乎吉凶皆是德矣。

二、四方之音

既如上所述，則論《國風》必以其為四方不齊之音，然後可以感覺其間之差別。《呂氏春秋・音初》篇為四方之音各造一段半神話的來源，這樣神話全無一點歷史價值，然其分別四方之音，可據之以見戰國時猶感覺各方聲音異派。且此地所論四方恰和《國風》有若干符合，請分別述之。

甲、南音

> 禹行功，見塗山之女，禹未之遇，而巡省南土。塗山氏之女乃令其妾候禹於塗山之陽，女乃作歌。歌曰：「候人兮猗。」實始作為南音。周公及召公取風焉，以為《周南》《召南》。

以「候人兮」起興之詩，今不見於二《南》。然呂不韋時人尚知二《南》為南方之音，與北《風》對待，所以有這樣的南音原始說。二《南》之為南音，許是由南國俗樂所出（周殖民於南國者，用了當地的俗樂），也許戰國時南方各音由二《南》一流之聲樂出，《呂覽》乃由當時情事推得反轉了，但這話是無法考核的。

乙、北音

> 有娀氏有二佚女，為之九成之台，飲食必以鼓。帝令燕往視之，鳴若謚隘，二女愛而爭搏之，覆以玉筐；少選，發而視之，遺二卵，北飛，遂不返，二女作歌一終。曰：「燕燕往飛。」實始作為北音。

以「燕燕于飛」（即燕燕往飛）起興之詩，今猶在《邶》《鄘》《衛》中（凡以一調與起為新詞者，新詞與舊調，應同在一聲範域之中，否則勢不可歌。起興為詩，實即填詞之初步，特填詞法嚴，起興自由耳）。是《詩》之《邶》《鄘》《衛》為北音。又《說苑・修文》篇「紂為北鄙之聲，其亡也忽焉」，《衛》正是故殷朝歌。至於邶、鄘所在，王靜安君論之最確，抄錄如下：

> 鄭氏《詩譜》曰，邶、鄘、衛者，商紂畿內方千里之地，自紂城而北謂之邶，南謂之鄘，東謂之衛。以邶為近畿之地。《續漢書・郡國志》，徑於河內郡朝歌下曰，北有邶國，則以邶為在朝歌境內矣。彝器中多北伯北子器，不知出於何所。光緒庚寅，直隸淶水縣張伯窪又出北伯器數種，余所見拓本，有鼎一、卣一，鼎文云「北伯作鼎」；卣文云「北伯作賓尊彝」。北即古之邶也。此北伯諸器與易州所出祖父兄三戈，足徵淶易之間，尚為商邦畿之地，而其制度文物全與商同。觀於周初箕子

朝鮮之封，成王肅慎之命，知商之聲靈固遠及東北，則邶之為國自當遠在殷北，不能於朝歌左右求之矣。邶既遠在殷北，則鄘亦不當求諸殷之境內，余謂鄘與奄聲相近，《書・雒誥》「無若火始燄燄」，《漢書・梅福傳》引作「毋若火始庸庸」；《左》文十八年傳「閻職」，《史記・齊太公世家》《説苑・復思篇》並作「庸職」，奄之為鄘，猶閻之為庸矣。奄地在魯，《左》襄二十五年傳「齊魯之間有弇中」。漢初古文《禮經》出於魯淹中，皆其證。邶、鄘去殷雖稍遠，然皆殷之故地。《大荒東經》言「王亥託於有易」，而泰山之下亦有相土之東都，自殷未有天下時已入封域，又《尚書疏》及《史記集解》《索隱》皆引汲塚古文「盤庚自奄遷於殷」，則奄又嘗為殷都，故其後皆為大國。武庚之叛，奄助之尤力，及成王克殷踐奄，乃封康叔於衛，周公子伯禽於魯，召公子於燕，而太師採詩之目，尚仍其故名，謂之邶、鄘，然皆有目無詩。季札觀魯樂，為之歌邶、鄘、衛，時尚未分為三；後人以《衛詩》獨多，遂分隸之於《邶》《鄘》，因於殷之左右求邶、鄘二國，斯失之矣。

丙、西音

周昭王親將征荊，辛餘靡長且多力，為王右。還反涉漢，梁敗，王及蔡公抎之漢中。辛餘靡振王北濟，又反振蔡公。周公乃候之於西河，實為長公（周公旦如何可及昭王時，此後人

> 半神話）。殷整甲徙宅西河，猶思故處，實始作為西音，長公繼是音以處西山，秦公取風焉，實始作為秦音。

然則秦風即是西音，不知李斯所謂「擊甕叩缶，彈箏搏髀」者，即《秦風》之樂否。《唐風》在文詞上看來和《秦風》近，和《鄭》《王》《陳》《衛》迥異，不知也在西音之內否。

丁、東音

> 夏后氏孔甲田於東陽萯山，天大風，晦盲，孔甲迷惑，入於民室。主人方乳，或曰：「后來，是良日也，之子是必大吉。」或曰：「不勝也，之子是必有殃。」后乃取其子以歸，曰：「以為余子，誰敢殃之？」子長成人，幕動坼橑斧斫斬其足，遂為守門者。孔甲曰：「嗚呼，有疾，命矣夫！」乃作為《破斧》之歌，實始為東音。

今以《破斧》起興論周公之詩，在豳，恐《豳風》為周公向東殖民以後，魯人用周舊詞，採庸奄土樂之詩。（已在《周頌》中論之）

從上文看，那些神話因不可靠，然可見邶、南、豳、秦方土不同，音聲亦異，戰國人遂以之為異源。

戊、鄭聲

《論語》言放鄭聲，可見當時鄭聲流行的勢力。《李斯上秦王書》「鄭衛桑間……異國之樂也，今棄擊缶而就鄭衛」。不知鄭是由衛出否？秦始皇時鄭聲勢力尚如此大，劉季稱帝，「風變於楚」，上好下甚，想鄭聲由此而微。至於哀帝之放鄭聲，恐怕已經不是戰國的鄭聲了。

己、齊聲

齊人好宗教（看《漢書・郊祀志》），作侈言（看《史記・孟子騶子列傳》），能論政（看管晏諸書），「泱泱乎大國」，且齊以多樂名。然《詩・風》所存齊詩不多，若干情詩以外，即是論桓姜事者；恐此不足代表齊詩。

三、「諸夏」和《國風》

「諸夏」一個名詞是古史上一個重要的問題，我們且試求諸夏是些甚麼，在那一帶地域。

《詩・周頌》:「明昭有周，式序在位。載戢干戈，載櫜弓矢。我求懿德，肆于時夏，允王保之！」

又:「思文后稷，克配彼天！立我烝民，莫匪爾極。貽我來牟，帝命率育。無此疆爾界，陳常于時夏。」

《論語》:「夷狄之有君，不如諸夏之亡也。」

《左傳》:「任宿句，風姓也，實司太皞與有濟之祀，以服事諸夏。」

《荀子》:「君子居楚而楚，居夏而夏。」

歷來相傳夏商周為三代，商周兩世的歷史，我們曉得的還多，夏世則太少了。不知太史公據《世本》以成的《夏本紀》在世次上有多少根據，但「啟」之一詞，已經等於始祖，其上乃更有禹與堯舜之傳說生關係者，大約總是後來人所加。啟之母為塗山氏女，或即和周之姜嫄，殷之有娀為同類之傳說，而啟之開夏或即由於滅甘乃大(《甘誓》已言五行，出必甚後，當在戰國末矣)。夏之世系大約已不完全，相傳夏故域在汾水流域，而其後代之杞在雍丘，當黃河之南，去殷商不遠。又在陳者有夏氏，疑夏在盛時之疆域，北包晉唐，東至山東境，南及於江漢，此區域中文明古國至多，到春秋時這些痕跡猶在。國為商湯踐滅，而文物猶在，故這一帶地方的列國叫做諸夏。商雖滅夏，然以取夏文化之故，或者也以諸夏自居，猶之乎滿洲人入了山海關，便也自稱中國，稱人蠻夷了。周人入了中國，把中國「周化」得很厲害，封建制度即是擴大周化的，而周行周道周宗周京一齊周起來，而文化的中國之名仍泛用夏。《周頌》中那幾篇無韻的文詞甚古，說到夏者兩處，在有韻的《周頌》及《大雅》《小雅》中夏之稱不見了，《周頌》中說到夏的幾句話，大意是謂武成功立，藏起干戈弓矢來，與諸夏相安，這很像克服了中國與人休息的話。這樣看來，諸夏在西周之初是很常用的名詞，直到戰國末年，還以楚對夏，大約由於楚向北發展，諸夏又受了一回震動，諸夏之一部分遺留，即為周之南國者，為楚所併，而楚風變夏。然楚夏對當之稱猶在民間。夏一個字在商周千多年中的命運，彷彿像漢一個字在魏晉以後至於現在的命運一樣。

那麼晉之南，漢之北，一切小國，在勢力上幾乎都是四鄰大邦的附庸，在文化上卻有很長的遺留，或者鄭、魏、陳、檜以至於曹，以至於唐，一切不同的列國之風，就音樂論也許保留了些諸夏之舊。發揚蹈厲每是新國之容，濮上桑間，玉樹後庭，乃歌勝國之文華也。

四、起興

六詩之說始於《周官》。《毛詩敍》說：「詩有六義焉，一曰風，二曰賦，三曰比，四曰興，五曰雅，六曰頌。」自秦始皇數用六以後，漢儒凡事都以六為紀，不可以五，不可以七，六藝六書皆不恰恰是六。六在漢代猶之七在佛經上，成了一種「聖數」啦！所以六詩一說，本不必拘泥求之。大約說六詩者有兩類：

一、以六詩皆是詩體之稱，如《鄭志》；二、以風雅頌為體，賦比興為用，如《朱傳》。近人章炳麟先生謂賦比興為詩體，為孔子所刪。賦比興之本為詩體，其說不可易，至讀《詩三百》中無賦比興者，乃孔子所刪，則不解刪詩之說，本後起之論，宋儒辨之已詳也。章君又謂賦即屈、荀之所作體，其言差信，謂比即辯亦通，獨謂興為輓歌，乃甚不妥（章說見《檢論》二）。強引《周官》以論興，說得使人心上不能釋然。尋繹《毛傳》獨標興體，必有緣故。前見顧頡剛先生一文論此，謂興體即後人所謂起興，漢樂府以至於現行歌謠猶多如此。據原有歌中首句或首兩句，下文乃是自己的，故毛公所據興體，每每上兩句與後來若相干若不相干。此論至不可易。起興之用，有時若是標調，所起同者，若有多少關係。例如《邶》之「習習谷風」和《小雅》之「習習谷風」，長短有別，皆是棄婦詞。「關關雎鳩」和「雝雝鳴雁」相類，皆是結婚詞。「燕燕于飛，泄泄其羽」和「雄雉于飛，泄泄其羽」相等，皆是傷別詞。即《呂氏春秋》所記「燕燕往飛」也是感別，《破斧》之音也是人事艱屯。那麼起興同而辭異者，或者是一調之變化嗎？

《國風》分敍

一、《周南》《召南》

《周南》《召南》都是南國的詩，並沒有岐周的詩。南國者，自河而南，至於江漢之域，在西周下一半文化非常的高，周室在那裏建設了好多國。在周邦之內者曰周南，在周畿外之諸侯統於方伯者曰召南。南國稱召，以召伯虎之故。召伯虎是厲王時方伯，共和行政時之大臣，庇護宣王而立之之人，曾有一番轟轟烈烈的功業，「日辟國百里」。這一帶地方雖是周室殖民地，但以地方富庶之故，又當西周聲教最盛之時，竟成了文化中心點，宗周的諸侯每在南國受封邑。其地的人文很優美，直到後來為荊蠻殘滅之後，還保存些有學有文的風氣。孔子說「南人有言……」，又在陳、蔡、楚一帶地遇到些有思想而悲觀的人。《中庸》上亦記載「寬柔以教，不報無道，南方之強也，而君子居之」。這些南國負荷宗周時代文化之最高點，本來那時候崤函以西的周疆是不及崤函以東大的（宣王時周室還很盛，然渭北已是玁狁出沒地，而渭南的矢，在今盩厔縣，逼近鎬京，已稱王了。不知在漢中有沒有疆土，在巴蜀當然是沒有的。若關東則北有河東，南涉江漢，南北達兩千里）。我們尤感覺南國在西周晚年最繁盛，南國的一部本是諸夏之域，新民族（周）到了舊文化區域（諸夏）之膏沃千裏中（河南江北淮西漢東）更緣邊啟些新土宇（如《大雅》《小雅》所記拓土南服），自然發生一種卓異的文化，所以其地士大夫家庭生活，「鼓鍾欽欽，鼓瑟鼓琴，笙磬同音。以雅以南，以籥不僭」。《周南》《召南》是這一帶的詩，《大雅》《小雅》也是這一帶的詩，至少也是由這一帶傳出，其上層之詩為《雅》，其下層之詩號《南》。南國盛於西周之末，故《雅》《南》之詩多數屬於夷厲宣幽，南國為荊楚剪滅於魯桓莊之世，故《雅》《南》之詩不少一部分屬於東周之始。已是周室喪亂，哀以思之音。

二《南》有和其他《國風》決然不同的一點，二《南》文采不豔，而頗涉禮樂：男女情詩多有節制（《野有死麕》一篇除外），所謂「發乎情止乎禮義」者，只在二《南》裏適用，其他《國風》全與禮樂無涉（《定之方中》除外），只是些感情的動盪，一往無節。

《周南》《召南》是一題，不應分為兩事，猶之乎《邶》《鄘》《衛》之不可分，《左傳》襄二十九，吳季札觀樂於魯，「為之歌《周南》《召南》」，固是不分的。

現在把《周南》《召南》中各篇的意思，憑一時猜想，寫在下面。限於時間和篇幅，考證不詳，又不能申長敍論，所以只舉大義。以下《國風》皆放此。其中必有不少錯誤，諸君應詳細覆案，若有所疑，便即討論。

《關雎》　敍述由「單相思」至結婚，所以是結婚時用的樂章。

《葛覃》 這是女子之辭，首章敍景物，次章敍女工，卒章言歸寧。

《卷耳》 女子思其丈夫行役在外之辭。但首章是女子口氣，下三章乃若行役在外者之辭，恐有錯亂。

《樛木》 祝福之辭，《小雅》中這一類甚多。

《螽斯》 祝福之辭，祝其子孫。

《桃夭》 送女子出嫁之辭。

《兔罝》 稱美武士之辭。

《芣苢》 女子成羣，採芣苢於田野，隨採隨歌之調。

《漢廣》 此詩頗費解，既曰「漢有游女，不可求思」，又曰「之子于歸，言秣其馬」，像是矛盾。歐陽永叔以為「言秣其馬」者，所謂「雖為之執鞭所欣慕焉」之意，這話有趣，然亦未必切合。這樣民歌每每沒有整齊的邏輯，遂心所適而言，所以不可固以求其意。此詩初章言不可求，次章、卒章言已及會晤，送之而歸；江漢茫茫，依舊不可得。

《汝墳》 婦思其夫行役在外，未見時，「惄如調飢」；「既歸」則曰「不我遐棄」。卒章歎息時艱，曰「王室如燬」，則已是幽王喪亂後詩。

《麟趾》 稱頌之辭，以麟為喻，頌公姓盛美。

《鵲巢》 送嫁之辭，與《桃夭》同。

《采蘩》 女子之辭。首章、次章言自己採蘩，末章言其丈夫早出遲歸，以從公室之事。

《草蟲》 女子思其丈夫行役在外，未見則憂，既歸則悅，與《汝墳》同。

《采蘋》 女子採蘋之辭，與《采蘩》同。

《甘棠》 周衰楚盛，召伯虎之功不得保持，國人思之。

《行露》 此詩難解，聚訟已多。疑是一女子矢志不嫁一男子之辭。

《羔羊》 形容仕於公者盛服反家。

《殷其靁》 丈夫行役在外，其妻思之旋歸。

《摽有梅》 此是女子求男子之辭，乃是一篇《關雎》別面。初章曰及吉而嫁，次章曰及今而嫁，卒章曰語之即嫁。

《小星》 仕宦者夙夜在公，感其勞苦而歌。

《江有汜》 女子為人所棄而歌。首章言雖棄我而後必悔，次章言雖棄我亦即安之，卒章言雖棄我我自樂，《鄭風》所謂「子不我思，豈無他人」也。

《野有死麕》 男女相悅，卒章雖《鄭風》不是過。

《何彼襛矣》 歌王姬下嫁之盛，既曰平王之孫，則明是東遷後多年之詩。

《騶虞》此是獵歌。

二、《邶》《鄘》《衛》

邶鄘衛乃一體，不可分，誤為人分為三。《左傳》襄二十九，吳季札聞樂於魯，尚不分。邶鄘衛篇章皆是衛詩，而蒙以邶、鄘故名者，明音之所自；此是北風，以對南音（詳上章）。

《柏舟》 女子不見愛於其夫，困於羣妾，作此勞歌。

《綠衣》 此亦悲歌，但所悲何事未明。此是興體，朱子誤以為比。女子製衣，且製且歎。

《燕燕》 相傳為莊姜送戴嬀歸之詞。然陳女嬀姓，並非任姓，「仲氏任只」，猶《大雅》「摯仲氏任」，雖非一人而同名。若大任之名，後來為人借用以呼一切賢善女子，則此詩可為涉莊姜戴嬀者，否則名姓不同，必另是一事。此為送別之悲歌則無疑。

《日月》 婦見棄於夫之哀歌。

《終風》 婦不見愛於其夫，其夫「謔浪笑敖」以待之，傷而歌此。

以上四詩，《毛詩》以為莊姜詩，《魯詩》遺說可考者，則以《柏舟》為寡姜詩，《燕燕》為定姜詩（《韓詩》同），《日月》為宣姜詩，其實皆無征，但為婦人見棄之詞耳。

《擊鼓》 丈夫行役於外念及室家，思其舊盟，而為哀歌。「平陳與宋」，或云是州吁聯合宋、陳、蔡以伐鄭納太叔段事（此事記載《史記》《左傳》各不同），不可詳考。

《凱風》 孝子之辭，自怨自艾，謂母氏聖善 而已無令德。《毛詩序》以為其母有七子而不安其室，恐怕說得太多了。

《雄雉》 婦思其夫行役在外，悲其不能來，德音慰之。

《匏有苦葉》 義未詳，四章不接，恐已錯亂。

《谷風》 婦人為夫所棄，為此悲痛之歌。

《式微》《列女傳》（劉向傳《魯詩》）以為是黎莊夫人與其傅之辭。《毛詩序》以為黎侯失國久寓於衛，其臣勸之歸。毛說較通，然未必有據。

《旄丘》 行役在外之人展轉無定，怨其叔伯不致之歸。

《簡兮》 形容萬舞之士而美之。

《泉水》 衛女出嫁諸侯，思歸寧而不可屢歸。初章言思歸，次章、三章言歸寧之行，末章是後來又思歸寧也。

《北門》 士不得志，窮而且勞。

《北風》 男女相愛，同行同歸。

《靜女》 此亦同上，為男女相愛之辭。

《新台》 本事已亡，詩義不詳。《毛詩序》以為刺宣公詩，甚覺不切。此篇與下篇之毛義，朱子皆疑之。

《二子乘舟》 魯說以為伋、壽二子傅母作，毛以為國人傷伋、壽之死而作，然詩中無可證此義者。

《柏舟》 母氏欲其嫁一人，而自願別嫁一人，以死矢之。

《牆有茨》 言衛宮淫亂。

《君子偕老》 美君夫人之辭，全無刺義。「不淑」即「不弔」，王引之吳大澂已證之。

《桑中》 男女相愛之詩。

《鶉之奔奔》 刺其上之詞。

《定之方中》《左傳》《史記》皆載衛懿公滅於狄事。懿公戰死，「宋桓公逆諸河……衛之遺民男女七百有三十人，益之以共滕之民為五千人，立戴公以廬於漕。齊侯使公子無虧率車二百乘，甲士三千人，以戍漕」。「戴公元年卒，齊桓公以衛數亂，乃率諸侯伐狄，為衛築楚丘，立戴公弟燬為衛君，是為文公」。「文大布之衣，大帛之冠，務材，訓農，通商，惠工，敬教，勸學，受方，任能，元年革車三十乘，季年乃三百乘」。此詩中言「作於楚宮」「作於楚室」「以望楚矣」，其為衛文公營楚丘詩甚明。末云「騋牝三千」，生息已繁矣。

《蝃蝀》 義不詳。初二章言行遠父母，卒章言無信不知命，當有錯亂。

《相鼠》 刺無禮。

《干旄》 此詩本事已亡，義不能詳。

《載馳》 此許穆夫人詩。《列女傳》三：「許穆夫人者，衛懿公之女，許穆公之夫人也。初，許求之，齊亦求之，懿公將與許。女因其傅母而言曰：『古者諸侯之有女子也，所以苞苴玩弄，繫援於大國也。今者許小而遠，齊大而近，若今之世，強者為雄，如使邊境有寇我之事，維有四方之故，赴告大國，妾在不猶愈乎？今捨近而就遠，離大而附小，一旦有車馳之難，孰可與慮社稷？』衛侯不聽，而嫁之於許。其後翟人攻衛，大破之，而許不能救衛侯，遂奔走涉河而南，至楚丘。齊侯往而存之，遂城楚丘以居衛侯，於是悔不用其言。當敗之時，許夫人馳驅而弔唁衛侯，因疾之而作詩云……君子善其慈惠而遠識也。」按此段所記與《左傳》《史記》皆不合，許穆夫人為懿公之妹，非其女。且懿公被殺，國亡，齊先立戴公，以城於漕，次立文公，以城楚丘。《列女傳》當是本之《魯詩》說，未採《左傳》《史記》。《毛詩》：「序《載馳》，許穆夫人作也。閔其宗國顛覆，自傷不能救也。衛懿公為狄人所滅，國人分散，露於漕邑，許穆夫人閔衛之亡，傷許之小，力不能救，思歸唁其兄，又義不得，故賦是詩也。」按此說本之《魯詩》而稍改善，猶有不妥處，即謂許穆夫人思歸而不得；詩文中則許穆夫人固已「言至於漕」矣。

解此詩最善者，無過朱子。從朱子之解，詩中文義可通。蓋許穆夫人已至於漕，而許大夫追之使反，憤而為此詩。朱說易見，且文繁，故不錄。

《淇澳》 自《魯詩》以來相傳以為美衛武公之作。詩本文無證，要之為美「君子」之詩則然也。

《考槃》 隱居不仕者之詩。

《碩人》 自《魯詩》以來，相傳以為為莊姜作。以詩本文論，此說是也。此詩魯以為刺，毛以為憫，其實不含刺憫，但形容莊姜容貌意態之美耳。蓋莊姜初由齊至衛，衛人驚其美而有儀，乃作此歌。故先敍其家世，末敍其媵從也。此與《召南》之《何彼襛矣》，《大雅》之《韓奕》，皆歌初嫁之詩。《左傳》「美而無子，衛人所為賦《碩人》也」，此乃發明《毛傳》所謂憫者，詩文全不涉及「無子」。《左傳》中論詩義者多劉歆諸人羼入，成其古文學之系統，前人論之詳矣。

《氓》 婦人為夫所棄之勞歌，與《谷風》同。

《竹竿》 諸侯女嫁於衛，思歸寧而不得之辭（非衛女嫁於諸侯者之辭）。

《芄蘭》 所謂不詳。

《河廣》《毛序》以為宋桓夫人作。「宋桓夫人，衛文公之妹，生襄公而出。襄公即位，夫人思宋，義不可往，故作是詩以自止。」不知此說是否，其為思宋之詩則無疑。

《伯兮》 丈夫行役在外，其妻思之。

《有狐》 丈夫行役在外，其妻慮其無衣無裳。

《木瓜》 男女相好之辭。

三、《王》

《王風》是周朝東遷以後在王城一帶的民間詩。《王風》與二《南》不同者，二《南》雖涉東周之初，猶是西周之遺風，所以並不是亂世之音；《王風》則在東遷之後，疆土日蹙，民生日困，所以全是些亂離的話。

《黍離》 行邁之人悲憤作歌。《毛序》謂「周大夫行役至於宗周，過故宗廟宮室，盡為禾黍，閔周室之顛覆，彷徨不忍去，而作是詩」。然詩中云：「知我者謂我心憂，不知我者謂我何求。悠悠蒼天，此何人哉！」與此情景頗不切合。

《君子于役》 丈夫行役於外，其妻思之。

《君子陽陽》 室家和樂之詩。

《揚之水》 戍人思歸之詩。東遷之後，既亡西疆，而南國又迫於楚。周室當散亡之後，尚須為南國戍。申、甫、許皆受迫害，而周更大困矣。此桓莊時詩，桓莊以前，申、甫未被迫，桓莊已後，申、甫已滅於楚。

《中谷有蓷》 女子嫁人不淑之悲詩。

《兔爰》 遭時艱難，感覺到生不如死。此《詩三百》中最悲憤之歌。

《葛藟》 政衰世亂，人民流散，求寄生於人家，而人不收。

《采葛》 男女相思之歌。

《大車》 男女相愛，不敢同奔，矢以同死。

《丘中有麻》 男女約期之詞。

四、《鄭》

《緇衣》 義不詳，《毛序》以為美武公，不知何據。

《將仲子》 一女愛一男子，而畏父母宗族，辭以絕之。

《叔于田》 鄭人愛大叔段，而稱美之。

《大叔于田》（同上）

《清人》 此詩之本事，毛氏、《左傳》相表裏為一辭。《毛序》:「清人，刺文公也。高克好利而不顧其君，文公惡而欲遠之，不能，使高克將兵而禦狄於竟。陳其師旅，翱翔河上，久而不召，眾散而歸。高克奔陳。公子素惡高克進之不以禮，文公退之不以道，危國亡師之本，故作是詩也。」《春秋》閔元「鄭棄其師」，《左傳》:「鄭人惡高克，使率師次於河上，久而弗召，師潰而歸，高克奔陳。鄭人為之賦《清人》。」此為《左傳》之最不似《國語》處，亦即最顯然敷衍經文處。此古文學之系統的印證，最不足信者，此詩本事竟不可考。

《羔裘》 美君子。而此君子為何人，則本事已亡。

《遵大路》 男女相愛者中道乖違，於路旁作別，仍願留之。

《女曰雞鳴》 此亦相悅者之辭。

《有女同車》 美其所愛之女子之辭。

《山有扶蘇》 相愛者之戲語。

《蘀兮》 此詩無義，只是說你唱我和，當是一種極尋常的歌詞，如《周南》之《芣苢》。

《狡童》 一女子為其所愛者所棄，至於不能餐息。

《褰裳》 女子戲語其所愛者之辭。

《豐》 一女子悔未偕迎之者俱去，而言欲與之歸。

《東門之墠》 上章言室邇人遠，下章言思之而不來。蓋愛而不晤者之辭。

《風雨》 相愛者晤於風雨雞鳴中。

《子衿》 愛而不晤，責其所愛者何以不來也。

《揚之水》 相愛者聞人言而疑，其一慰其他曰：「終鮮兄弟，維予與女。無信人之言，人實迋女。」

《出其東門》 一人自言其所愛之專一。

《野有蔓草》 男女相遇而相愛，自言適願。

《溱洧》 相愛者偕游之辭。

《論語》 有「鄭聲淫」「放鄭聲」之說，直到李斯時，「鄭、衛桑間」，尚成《樂》中一勢力。今就三百篇中《鄭詩》看，二十一篇中，十五篇言涉男女情愛事，《兮》一篇，或亦為此用。是《鄭詩》多言男女，詩中固為顯證，不必以「鄭聲淫」但指聲言不指詩言也。此亦足證孔子固未刪《詩》，《詩》若由孔子刪者，必無此樣《鄭風》。

五、《齊》

《雞鳴》 妃戒其君以應早朝。

《還》 一女子自言逢一男子，其人愛而揖之。

《著》 男子期女子於其家，而見其盛裝也。

《東方之日》 此應為女子之言，朱子誤以為男子之言。「彼姝者子」，固可為稱男者。此詩之義自顯。（如「孑孑干旌」之「彼姝者子」，非指女人。）

《東方未明》 從仕於公者，感於辰夜勞苦，其君興居不時，與《南》中之《小星》同。

《南山》 毛義以為言齊襄公魯文姜事，與詩本文甚合。

《甫田》 大夫行役在外，其妻思之。

《盧令》 稱美獵者。

《敝笱》 形容齊女出嫁。毛義以為指魯桓夫人文姜（同《南山》），未知有據否。

《載驅》　敍述齊女嫁於魯事，並無刺語。魯娶於齊事不一，未必指文姜也。

《猗嗟》　稱美齊之甥形容修好，舞射俱臧。魯莊公固為齊甥，然不知此詩是否指之。

如《南山》《敝笱》《載驅》《猗嗟》為一時之詩，則應是盡敍文姜、魯莊者。

按，齊有泱泱大國風之譽，《詩三百》中殊不足以見此，疑《詩三百》之集合受齊影響少，齊詩多不入內，入內者固不足代表齊也。

六、《魏》

《魏詩》是否即《晉詩》之一部，未能決。但唐、魏之關係決不與邶、鄘、衛同。邶、鄘、衛者實是一事，皆是《衛詩》，而實以邶庸以記音之系統。此為北聲，用對南音也。至於魏，或為魏亡前之詩，如此則為《魏詩》；或為魏亡後詩，如此則為《晉詩》。要之出於魏故地。今以唐魏相校，詩意多不同風，《魏詩》悲憫，《唐詩》言及時行樂，容非一體。

《糾糾》　女子為其丈夫製履製服，而其丈夫性褊急，歌以刺之。

《汾沮洳》　疑是言一尋常百姓之子，美如玉英，貴族不及。

《園有桃》 心有憂者，「居則忽忽若有所亡，行則不知其所往」。憤人之不知，而棄捐不道。

《陟岵》 行役在外者，思其父母兄在家思之歸。

《十畝之間》 男女相悅，而言同歸。

《伐檀》 民刺其上不獵不稼，有貆有禾。

《碩鼠》 民苦於重徵厚斂，以碩鼠比其上，而云將適異國。

七、《唐》

《蟋蟀》 言人應及時行樂，否則時日不我與。末又誦云：「好樂無荒，良士瞿瞿。」

《山有樞》 此亦言及時行樂，而多含悲痛之意。

《揚之水》《毛序》云：「刺晉昭公也。昭公分國以封沃，沃盛強，昭公微弱，國人將叛而歸沃焉。」按首章雲：「從子於沃。」卒章雲：「我聞有命，不敢以告人。」恐是曲沃謀翼事。

《椒聊》 疑是稱美人之子孫蕃衍，猶《南》之《螽斯》。

《綢繆》 男女相遇，而為戲語。或謂此是婚娶時夫婦相謂之語。

《杕杜》 飄流之人，感在外之艱難，而思他人不如同父同姓也。

《羔裘》 不詳。

《鴇羽》 行役在外，不遑事父母，而為哀歌。

《無衣》 言我固有衣，然不如服子之衣，更為安吉。《毛詩》以為是曲沃武公併晉始受王七命事，恐是傅會。

《有杕之杜》 思君子，欲其來，而言「中心好之，曷飲食之」。

《葛生》 此是怨曠之詞。婦人感其夫在外，無與息與居者，更不知其何日來，而作沉痛語曰「百歲之後，歸于其居」，言其不能待而先死也。

《采苓》 此勸人勿輕信讒言之辭。

八、《秦》

秦與周同地，雖異世而有同者，《秦風》詞句每有似《小雅》處。

《車鄰》 此亦及時行樂之意。

《駟驖》 此獵歌，其用於公室者，如石鼓文；其流行在民間者，如此類。

《小戎》 丈夫出征，其妻思之。

《蒹葭》 此亦相愛者之詞。辛稼軒《元夕詞》云：「眾裏尋他千百度，驀然回首，那人卻在燈火闌珊處。」與此詩情景同。

《終南》 秦人美其君之辭。

《黃鳥》 秦穆公卒，以三良為殉，國人哀之，而歌此詩。三家、毛義同，事見《左傳》。

《晨風》　丈夫在外，其妻思之。

《無衣》　秦武士出征時，相語之壯辭。

《渭陽》《列女傳》（傳《魯詩》）、《毛序》皆以為秦康公送其舅氏晉公子重耳入國之辭。

《權輿》　言為禮不卒，後不承先，但不知如何人之歌也。

九、《陳》

《宛丘》　形容舞者之辭。

《東門之枌》　朱子云：「男女聚會歌舞，而賦其事以相樂。」按此說是也。

《衡門》　朱子云：「此隱居自樂而無求者之詞。」按此說是也。

《東門之池》　思女子之辭。

《東門之楊》　男女相期於昏，而明星煌煌，猶未至也。

《墓門》　婦不得志於其夫之悲歌，與《邶詩・終風》同義。顛倒思予，乃文法之倒轉，即予思顛倒。

《防有鵲巢》　朱子云「此男女之有私，而憂或間之之辭」。

《月出》　朱子云「此亦男女相悅而相念之辭」。

《株林》　人民歌陳靈公君臣從夏姬遊事，事見《左傳》

《國語》。

《澤陂》 此亦思女子之辭。

按《陳風》 所歌之事，最近於《鄭》。

十、《檜》

《羔裘》 不詳。毛義不通。

《素冠》 亦男女相愛之辭。女子見其所愛者遭喪，仍欲速嫁之也。

《隰有萇楚》 感於人生艱難，不如草木之無知。

《匪風》 悲詩。

按《檜詩》之體，以「兮」為結，甚似《鄭風・緇衣》，故《鄭》《檜》恐是一地之詩。檜於西周時，即為鄭滅。

十一、《曹》

《蜉蝣》 悲詩。

《候人》 言在朝者不稱其位，無已，退與季女游樂。

《鳲鳩》 頌美其上之辭。

《下泉》 傷時衰世亂，而念昔之盛世。

按，曹叔振鐸，文之昭也。周初所褒大封，後乃畏服於強鄰。故《鳲鳩》之辭，稍似《小雅》;《下泉》之辭，有類亡國之音哀以思者，蓋曹在初年必為大國，後乃衰微不承權輿耳。

十二、《豳》

《七月》 封建制下農民之歲歌。

《鴟鴞》 作鳥語者。此類人作鳥獸語之詩，古代中國只有此一首遺後來。

《東山》 士卒東征者，既感行役之勞，返其家室，與婦相語。

《破斧》 周公東征，雖功烈甚大，而民亦勞苦。此實哀詩，如依四家美刺之義以為序，此真「刺周公也」。

《伐柯》 此疑是婚詩。

《九罭》 就卒章看，或是徂東兵士，不願周公西歸之歌。

《狼跋》 美公孫，然不知此公孫是何人，其非周公則甚明。

《豳風》 雖涉周公事，然決非周公時詩之原面目，恐口頭流傳二三百年後而為此語言。其源雖始於周公時，其文乃遞變而成於後也。不然，《周頌》一部分如彼之簡直，《豳風》如此之曉暢，若同一世，於理不允。

《詩》時代

研究《詩三百》的時代，似乎應當依下列的幾條道路：

一、先把那些可以確定時代者，考定清楚，以為標準。

二、那些時代不能確定者，應折衷於時代能確定者，以名的同異，語法之演進，章法之差別，定他對於能確定時代之若干篇之時代的關係。

三、凡是泛泛關涉禮樂的文詞，在最初創始及歷次變化中，每可經甚長的時候，故只能斷定其大致，不能確指為何時。

四、在一切民間的歌謠中，每有糾纏不清的關係。乙歌由甲歌出，而乙歌又可遞變為丙；一歌自最初成詞，至後來譜於樂章，著於竹簡，可經很多的變化。即如《小雅》之「習習谷風」，與《鄘風》之「習習谷風」，起興同，所敍之事同，意思同，顯是一調之變化。起興很可助我們尋求一調之源流的。在這情形之下，一個歌謠可以有數百年的歷史，決不宜指定其為何朝者。

故由此看去，不特我們現在已經不能為《詩三百篇》篇篇認定時代，且正亦不可如此作，如此作則不免於鑿。康成《詩譜》為每一篇中找好了一個時代，既誣且愚也。

周詩系統

《周頌》《周頌》中大別可分為兩類，一、無韻者；二、有韻又甚豐長者；其間還有些介物。那些無韻的時代在前，有韻又甚豐長者在後，有韻而不整齊豐長者在中間，此是文體之自然演化。今以其有韻又甚豐長者，與《大雅》《小雅》中可定為厲宣時詩者比較，則覺雖《周頌》之最後者，猶與厲宣時詩甚不同，則《周頌》當是成康以來下至懿孝間詩，無韻者在先，有韻者在後也。肆夏武諸章顯是既克商，中國業已安定，願言休息之詩，三家詩屬之成王時或近情。

《大雅》《小雅》 《大雅》《小雅》無周初年者，其南征、北伐諸篇，當屬宣時。已說在前。若《大雅》之述祖德，皆是甚後之追記，且「殷之未喪師，克配上帝」諸篇，已經歷歷以殷亡為戒，不是興國初年之語，又均與《周頌》的口氣不同。我們雖不能說《頌》《雅》時代相遞換，然《頌》之末期，可當《雅》之初期，《雅》中無與不韻之《頌》同時者，則若顯然。

《大雅》《小雅》中頗多東遷後詩，然均在始遷時，無後於平王者可見。故如但以《雅》論，則誠如孟子說：「王者之跡熄而《詩》亡，《詩》亡然後《春秋》作。」

《周南》《召南》 二《南》中可確定時代者，為《汝墳》《甘棠》《何彼襛矣》三篇，當是周東遷不久時詩。又《江有汜》《漢廣》等篇，顯是周未喪南國時詩。南國盛於西周之末，大約二《南》是西周下半，東周初年詩，上不過共、懿，下不逾平、桓。

《豳》 豳地甚西，猶在周之西，而有「既東」之稱，大約是周向東之後帶來的故樂，稱邠以示其自來，猶《衛詩》之稱北也。《七月》《東山》《破斧》之原必甚古，而後來之面目則不必甚先，然《豳風》中不見有東周詩。

《王》《王風》皆東遷後詩，其《揚之水》一章言戍申、戍甫、戍許，明是楚人北犯時詩，楚已戍隨，申猶未夷為楚縣時也。

非周詩

《邶》《鄘》《衛》 《邶》《鄘》《衛》中只有兩詩可確定時代者，即《載馳》與《定之方中》，都是齊桓時詩，此外文辭既無大異，時代大約相離不遠。

《鄭》《齊》《魏》《唐》《秦》《陳》《檜》《曹》 此若干國中凡有時代可指實者，皆在春秋初年，只在《陳風》中有下及陳靈之世者（周定王、魯宣公）。大約此中歌詩至早者在西周晚年，而東周初年者為最多。

《魯頌》《周頌》之時代已見前。

現在試作下表，未必無誤，待後考之。

民間歌詞，著文或後，來源每遠，故以虛線表之。

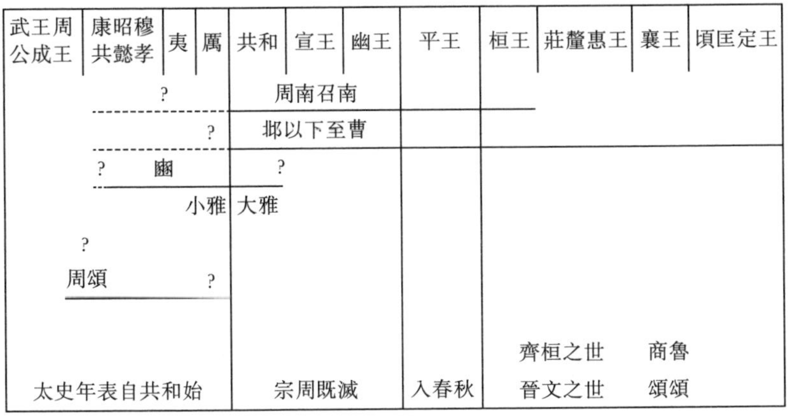

武王周公成王	康昭穆共懿孝	夷	厲	共和	宣王	幽王	平王	桓王	莊釐惠王	襄王	頃匡定王
		?			周南召南						
			?		邶以下至曹						
	?	豳		?							
			小雅	大雅							
	?										
	周頌		?								
									齊桓之世	商魯	
	太史年表自共和始				宗周既滅		入春秋		晉文之世	頌頌	

#《詩》地理圖

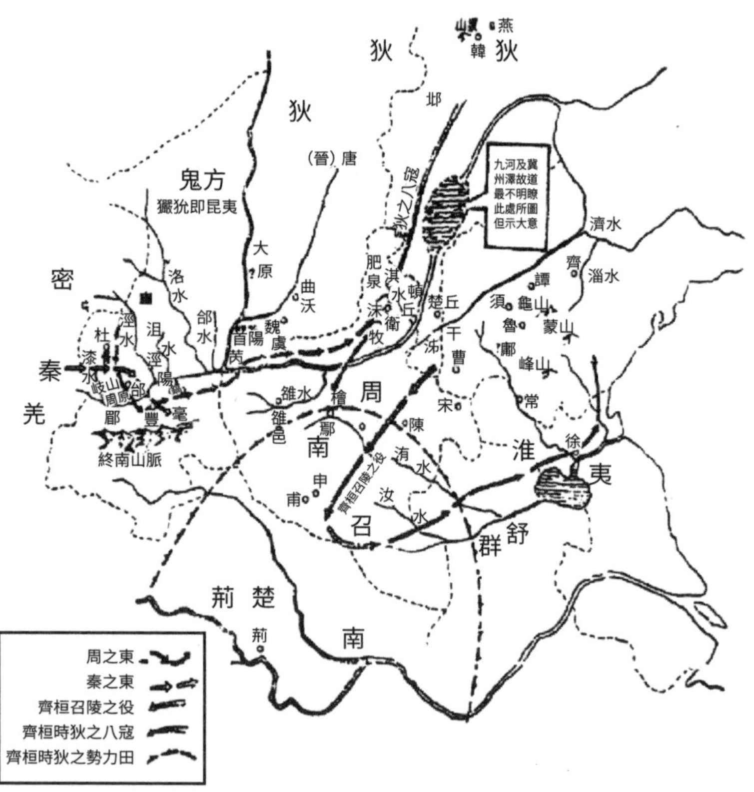
燕
韓
狄
狄
狄
鬼方
玁狁即昆夷
(晉) 唐
九河及冀
州澤故道
最不明瞭
此處所圖
但示大意
濟水
齊
淄水
譚
龜山
魯
蒙山
峰山
密
秦
羌
洛
水
大
原
曲
沃
晉陽
魏
虞
肥
泉
淇
水
頓
丘
衛
牧
楚丘
曹
宋
常
徐
淮
夷
雒水
雒
邑
周
南
陳
申
甫
召
汝
水
群
舒
荊
楚
荊
南
終南山脈
周之東
秦之東
齊桓召陵之役
齊桓時狄之八寇
齊桓時狄之勢力田

《詩》之影響

《詩三百》在儒家的文獻中，雖然有這麼大的勢力，而在後來文學的影響上，並不見得很多。仿佛《詩經》之體，同《詩經》之文，俱斷於春秋之世。後來雖有四言詩，卻已不是《詩三百》之四言詩了。所以這樣者：一、春秋戰國間流行的音樂改變了，和舊音樂在一起的詩體遂不通行。魏文侯聞今樂則樂，聞古樂則倦，當時今樂古樂之分已甚斷然了。二、漢代音樂乃繼楚聲者，稍加上些北方之音，故不紹雅、頌、鄭、衛的系統。三、雅乃隨宗周之文物而亡的，更不消說。春秋戰國間，中國一切物事都大變，文辭音樂也不免隨着。還有一個理由：《詩三百》到底是初年的詩體，並未發達到曹子建的五言詩，或李、杜的七言詩之地步，突然遇到春秋戰國間之大變，遂不能保持着統緒下去。

況且一切詩體都不是能以紹述成生命的，所以歷代詩之變比文之變快得多。文究竟多含理智上的東西，以後承前，還可積累上去。若詩，則人之感情雖說古今無異，不外是些悲歡離合，愛好憤恨，而人之感覺卻無處不映照時代，時代變則感覺隨着變。例如唐人最好的詩，現在讀來，或者不覺得親切，因為時代不同，我們不能感覺唐人所感覺之故。自然單個詩中每有不朽者，若但以一種體制一種傾向而論，總是有生有死，有壯有老者。

於是乎《詩三百》在後來之影響，不在詩中，而在假古董中。自漢武重儒術，而三王封策作《尚書》語，揚子雲箴作《詩經》語。以後如韋、孟的詩（此非西漢詩），歷代享祀的詩，每學《詩經》。

然而「點竄《堯典》《舜典》字，塗改《清廟》《生民》詩」者，何嘗是有生命的文學？不過是些學究的雕蟲之技而已。漢魏六朝四言之體猶盛，然除少數的經學詩外，未嘗和《詩三百》有系統的關聯。

論所謂「諷」

《詩三百》之後世雖小，然以風為名之辭在後來卻變成一種新文體，至漢而成枚馬之賦，現在分別敍這一件事之流行。

一、「風」「諷」乃一字　此類加偏旁的字每是漢儒做的，本是一件通例，而「風」「諷」原通尤可證。

《詩序》:「所以風。」《經典釋文》:「如字；徐，福鳳反；今不用。」按：福鳳反，即諷（去聲）之音。又，「風，風也」。《釋文》:「並如字。徐上如字，下福鳳反。崔靈恩集注本，下即作諷字。劉氏云：動物曰風，託音曰諷。崔云：用風感物則謂之諷。」

《左氏》昭五年注:「以此諷。」《釋文》:「本亦作風。」風讀若諷者，《漢書》集注例甚多（從《經籍籑詁》所集）:《食貨志》下集注，《藝文志》集注，《燕王澤傳》集注，《齊悼惠王肥傳》集注，《灌嬰傳》集注，《婁敬傳》集注，《梁孝王武傳》集注，《衛青傳》集注，《霍去病傳》集注，《司馬相如傳》集注三見，《卜式傳》集注，《嚴助傳》集注，《王褒傳》集注，《賈捐之傳》集注，《朱雲傳》集注，《常惠傳》集注，《鮑宣傳》集注，《韋元成傳》集注，《趙廣漢傳》集注三見，《馮野王傳》集注，《孔光傳》集注，《朱博傳》集注，《何武傳》集注，《揚雄傳上》集注二見，《揚雄傳下》集注三見，《董賢傳》集注，《匈奴傳上》集注三見，《匈奴傳下》集注二見，《西南夷傳》集注二見，《南粵王傳》集注，《西域傳上》集注，《元后傳》集注二見，《王莽傳上》集注二見，《王莽傳下》集注，《敍傳上》集注，《敍傳下》集注二見，又《後漢・崔琦傳》

注。按，由此而觀，風為名詞，諷（福鳳反）為動詞，其義則一。

二、風乃詩歌之泛名（前已論之）。

《詩・大雅》:「吉甫作誦，……其風肆好。」（此雅之稱風者）

又《小雅》:「或湛樂飲酒，或慘慘畏咎。或出入風議，或靡事不為。」鄭箋以為「風猶放也」，未安；當謂出入歌誦，然後上與湛樂飲酒相配，下與靡事不為相反。

《春秋繁露》:「『文王受命，有此武功。既伐於崇，作邑於豐』，樂之風也。」（文王受命，在《雅》）

《論衡》:「『風乎雩』，風歌也。」按此解實通。《論語》何注，風，涼也，無謂。

故《詩》之辭為風，誦之則曰諷（動詞）；泛指詩歌，非但謂十五國。又以風名詩歌，西洋亦有成例，如 Arig 伊大利文謂風，今在德 Arie 在法 Air 皆用為歌曲之名。

三、戰國時一種之詭詞承風之名

《史記・滑稽列傳》:

> 威王大說，置酒後宮，召髡，賜之酒。問曰:「先生能飲幾何而醉？」對曰:「臣飲一斗亦醉，一石亦醉。」威王曰:「先生飲一斗而醉，惡能飲一石哉？其說可得聞乎？」髡曰:「賜酒大王之前，執法在傍，御史在後，髡恐懼俯伏而飲，不過一斗徑醉矣。若親有嚴客，髡帣韝鞠䠊，侍酒於前，時賜餘瀝，奉觴

上壽，數起，飲不過二斗，徑醉矣。若朋友交遊，久不相見，卒然相覩，歡然道故，私情相語，飲可五六斗，徑醉矣。若乃州閭之會，男女雜坐，行酒稽留，六博投壺，相引為曹，握手無罰，目眙不禁，前有墮珥，後有遺簪，髡竊樂此，飲可八斗，而醉二參。日暮酒闌，合尊促坐，男女同席，履舄交錯，杯盤狼藉，堂上燭滅，主人留髡而送客。羅襦襟解，微聞薌澤，當此之時，髡心最歡，能飲一石。故曰『酒極則亂，樂極則悲，萬事盡然。言不可極，極之而衰。』以諷諫焉。」(此雖史公節錄，非復全文，然盡是整語，又含韻詞，其自詩體來，斷然可見也。)

此處之諷乃名詞，照前例應為風字。「以風諫焉」，猶云以詩(一種之詭詞)諫焉，此可為戰國時一種詭辭承風之名之確證。至於求知這樣的詭詞之風是甚麼，還有些材料在《史記》《戰國策》中：

《戰國策》八：

鄒忌修八尺有餘，身體昳麗。朝服衣冠，窺鏡，謂其妻曰：「我孰與城北徐公美？」曰：「君美甚，徐公何能及公也？」城北徐公齊國之美麗者也，忌不自信，而復問其妾曰：「吾孰與徐公美？」妾曰：「徐公何能及君也？」旦日，客從外來，與坐談，問之客曰:「吾與徐公孰美?」客曰:「徐公不若君之美也。」明日,徐公來,孰視之,自以為不如;窺鏡而自視,又弗如遠甚。暮寢而思之曰:「吾妻之美我者,私我也;妾之美我者,畏我也;客之美我者,欲有求於我也。」於是入朝見威王曰:「臣誠知不如徐公美,臣之妻私臣,臣之妾畏臣,臣之客欲有求於臣,皆以美於徐公。今齊地方千里,百二十城,宮婦左右,莫不私王,朝廷之臣莫不畏王,四境之內,莫不有求於王。由此觀之,王之蔽甚矣。」王曰:「善。」乃下令:「羣臣吏民,能面刺寡人之過者,受上賞;上書諫寡人者,受中賞;能謗議於朝市,聞寡人之耳者,受下賞。」令初下,羣臣進諫,門庭如市;數月之後,時時而間進;期年之後,雖欲言無可進者。燕、趙、韓、魏聞之,皆朝於齊。此所謂戰勝於朝廷。

《史記》七十四:

淳于髡,齊人也。博聞強記,學無所主(例如與孟子所辯男女授受不親諸辭),其陳説慕晏嬰之為人也;然而承意觀色為務。客有見髡於梁惠王,惠王屏左右,獨坐而再見之,終無言也。惠王怪之,以讓客曰:「子之稱淳于先生,管晏不及,及見寡人,寡人未有得也,豈寡人不足為言邪?何故哉?」客以謂髡。髡曰:「固也,吾前見王,王志在驅逐;後復見王,王志在音聲。吾是以默然。」客具以報王。王大駭曰：「嗟乎！淳于先生誠聖人也！前淳于先生之來，人有獻善馬者，寡人未及視，會先生至。後先生之來，人有獻謳者，未及試，亦會先生來。寡人雖屏心，然私心在彼。有之。」後淳于髡見，壹語連三日三夜無倦。惠王欲以卿相位待之，髡因謝去。於是送以安車駕駟，束帛加璧，黃金百鎰，終身不仕。

《史記》四十六：

「騶忌子以鼓琴見威王，威王說而舍之右室。須臾，王鼓琴，騶忌子推户入曰：「善哉鼓琴！」王勃然不說。去琴按劍曰：「夫子見容未察，何以知其善也？」騶忌子曰：「夫大弦濁以春溫者，君也；小弦廉折以清者，相也；攫之深，醳之愉者，政令也；鈞諧以鳴，大小相益，回邪而不相害者，四時也。吾是以知其善也。」王曰：「善語音。」騶忌子曰：「何獨語音？夫治國家而弭人民，皆在其中。」王又勃然不說，曰：「若夫語五音之紀，信未有如夫子者也。若夫治國家而弭人民，又何為乎絲桐之間？」騶忌子曰：「夫大弦濁以春溫者，君也；小弦廉折以清者，相也；攫之深而醳之愉者，政令也；鈞諧以鳴，大小相益，回邪而不相害者，四時也。夫復而不亂者，所以治昌也；連而徑者，所以存亡也。故曰：琴音調而天下治。夫治國家而弭人民者，無若乎五音者。」王曰：「善。」騶忌子見三月而受相印，淳于髡見之，曰：「善說哉！髡有愚志，願陳諸前。」騶忌子曰：「謹受教。」淳于髡曰：「得全全昌，失全全亡。」騶忌子曰：「謹受令，請謹毋離前。」淳于髡曰：「狶膏棘軸，所以為滑也，然而不能運方穿。」騶忌子曰：「謹受令，請謹事左右。」淳于髡曰：「弓膠昔幹所以為合也，然而不能傅合疏罅。」騶忌子曰：「謹受令，請謹自附於萬民。」淳于髡曰：「狐裘雖敝，不可補以黃狗之皮。」騶忌子曰：「謹受令，請謹擇君子，毋雜小人其間。」淳于髡曰：「大車不較，不能載其常任；琴瑟不較，不能成其五音。」騶忌子曰：「謹受令，請謹修法律而督奸吏。」淳于髡說畢，趨出至門，而面其僕曰：「是人者吾語之微言五，其應我若響之應聲，是人必封不久矣。」居期年，封以下邳，號曰成侯。

騶忌、淳于髡便是這樣人，他們的話便是這樣的話，而這樣的話便是風。到這時，風已不是一種狹義的詩體，而是一種廣義的詭辭了。《荀子・成相》詭詩尚存全章，此等風詞只剩了《戰國策》《史記》所約省的，已經把鋪陳的話變做仿佛記事的話了。但與枚馬賦體一比，其文體顯然可見。

四、因此種詭詞每以當諫諍之用，戰國漢初儒者見到這樣的「風」，更把刺詩的觀念在解詩中大發達之，例如《關雎》為刺康王宴起之詩等等，於是《詩三百》真成諫書了。瞽獻曲，史獻言，一種的辭令，每含一種的寓意（歐洲所謂 Moral），由來必遠。然周、漢之間，《詩三百》之解釋至那樣子者，恐是由於那時候的詭詞既以風名，且又實是寓意之辭，以今度古，以為《詩經》之作本如詭詩，遂成孟子至三家之《詩》學。

五、由這看來，諷字並無後人所謂「含譏帶諷」之義，此義是引申而附加者。

六、我疑「論」「議」等最初皆是一種詭詩之體，其後乃變成散文。

《莊子・齊物論》:「六合之外，聖人存而不論；六合之內，聖人論而不議；《春秋》經世，先王之志，聖人議而不辨。」

此處之論，謂理；議，謂誼；辨，謂比。猶云六合外事，聖人存而不疏通之；六合內事，聖人疏通而不是非之；《春秋》有是非矣，而不黨其詞，以成偏言。這些都不是指文體之名而言。然此處雖非指文體，此若干名之源也許是詭詩變為韻文者。《九辯》之文還存在，而以辯名之文，尚有存名者。至於論之稱，在戰國中期，田駢作《十二論》，今其《齊物》一篇猶在《莊子》（考後詳）。在戰國晚年，荀卿、呂不韋皆著論（見《史記》）。然此是後起之義，《論語》以論名，皆語之提要鈎玄處。又《晉書・束皙傳》:「太康二年……盜發魏……安釐王塚，得竹書數十車。……《論語・師春》一篇，《書》《左傳》諸卜筮。師春，似是造書者姓名也。」《左傳》諸卜筮本是流行於晉之《周易》，師為官，春為名，當即傳書之人。《左傳》卜筮皆韻文詭詩，或者這是論之最早用處嗎？議一字見於《詩經》者，「或出入風議」，應是謂出入歌詠，如此方對下文「靡事不為」。又《鄭語》:「姜，伯夷之後也。嬴，伯翳之後也。伯夷能禮於神，以佐堯者也。伯翳能議百物，以佐舜者也。」韋昭解:「百物草木鳥獸，議使各得其宜。」此真不通之解。上舉伯夷能禮，下句當謂伯翳能樂，作詭詩以形容百物，而陳義理，如今見《荀子・賦篇》等。約上文言，春秋時詭詩之名，入戰國而成散文之體。我現在假設如此，材料尚不足，妄寫下待後考之。

七、枚馬賦體之由來　漢初年，賦絕非一類。《漢志》分為四家，恐猶未足盡其辨別。此等賦體淵源有自，戰國時各種雜詩之體，今存名者尚不少，待後詳論之(《文學史講義》第二篇第十二章)。現在只論枚乘、司馬相如賦體之由來。枚賦今存者，只《七發》為長篇，而司馬之賦以《子虛》為盛(《上林》實在《子虛》中，為人割裂)。此等賦之體制可分為下列數事：

(一)鋪張侈辭。

(二)並非詩體，只是散文，其中每有協韻之句而已。

(三)總有一個寓意(Moral)無論陳設得如何侈靡，總要最後歸於正道，與淳于髡飲酒，鄒忌不如徐公美之辭全然一樣。

我們若是拿這樣賦體和楚辭校，全然不是一類；和宋玉賦校，詞多同者，而體絕不同；若和齊人諷詞校，則直接之統續立見。枚、馬之賦，固全是戰國風氣，取詞由宋玉賦之一線，定體由諷詞之一線，與屈賦毫不相干者也。淳于髡諸騶子之風，必有些很有趣者，惜乎現在只能見兩篇的大概。

賈誼《惜誓》云：「涉丹水而馳騁兮，右大夏之遺風。」遺風二字難解。及觀《淮南・原道訓》云：「目觀掉羽武象之樂，耳聽滔朗奇麗激抮之音。揚鄭、衛之浩樂，結激楚之遺風。」知所謂遺風，正是歌詩，可為此說益一證也。

《詩三百》之文辭

我們在論《詩三百》之美文以前，應當破除兩個主觀。這兩個主觀者，第一，以詞人之詩評析三百篇，而忘了《詩三百》是自山謠野歌以至朝廷會享用的樂章集，本是些為歌而作，為樂而設的，本不是做來「改罷自長吟」的，譬如《芣苢》：

采采芣苢，薄言采之。采采芣苢，薄言有之。

采采芣苢，薄言掇之。采采芣苢，薄言捋之。

采采芣苢，薄言袺之。采采芣苢，薄言襭之。

這真是太原始的詩了。然如我們想到這不是閉戶而歌，而是田野中所聞之聲。當天日晴和，山川明朗的時候，女子結羣采掇芣苢，隨采隨歌，作這和聲。則這樣章節自有他的激越之音，不可僅以平鋪直敘看做他是詩歌之「原形質」了。又如《蘀兮》：

蘀兮蘀兮，風其吹女。叔兮伯兮，倡予和女。

蘀兮蘀兮，風其漂女。叔兮伯兮，倡予要女。

這也太尋常了。然如假想這是一羣人中士女雜坐，一唱眾和之聲，則這一歌也自有他的興發處。如果我們不認識這一層，一律以後來詩人做詩的標準衡量他們，必把這事情看得差了。第二個主觀是把後人詩中藝術之細密，去遮沒了《詩三百》中摯情之直敘。詩人斤斤於藝術之細，本已類似一種衰落的趨勢。抒情詩之最盛者，每在無名詩人；而敘事詩之發揚蹈厲，每由甚粗而不失大體之藝術。後人做詩，雖刻畫得極細，意匠曲折得多，然刻畫即失自然，而情意曲折便非詭化(Sophisticated)的人不能領悟，非人情之直率者。如：

> 溱與洧，方渙渙兮。士與女，方秉蕑兮。女曰觀乎？士曰既且。且往觀乎？洧之外，洵訏且樂。維士與女，伊其相謔，贈之以芍藥。

又如：

> 爰採唐矣，沬之鄉矣。云誰之思？美孟姜矣。
> 期我乎桑中，要我乎上宮，送我乎淇之上矣。

或如《葛覃》：

> 葛之覃兮，施於中谷，維葉萋萋。黃鳥于飛，集于灌木，其鳴喈喈。
>
> 葛之覃兮，施於中谷，維葉莫莫。是刈是濩，為絺為綌。服之無斁。
>
> 言告師氏，言告言歸。薄污我私，薄澣我衣。害澣害否？歸寧父母。

以及《卷耳》：

> 采采卷耳，不盈頃筐。嗟我懷人，寘彼周行。
> 陟彼崔嵬，我馬虺隤。我姑酌彼金罍，維以不永懷。
> 陟彼高岡，我馬玄黃。我姑酌彼兕觥，維以不永傷。
> 陟彼砠矣，我馬瘏矣，我僕痡矣，云何吁矣！

《詩經》中此類例舉不勝舉，都是直敍的話，都沒有刻意為辭的痕跡，然而都成美文。《詩三百》中一切美辭之美，及其超越楚辭和其他侈文處，在乎直陳其事，而風采情趣聲光自見，不流曲折以成詭詞，不加刻飾以成蔓駢，俗言即是實言，白話乃是真話，直說乃是信說。《詩經》之最大藝術，在其不用藝術處。

> 子貢問曰：「《詩》云：『巧笑倩兮，美目盼兮，素以為絢兮。』何謂也？」子曰：「繪事後素。」
> 曰：「禮後乎？」子曰：「起予者商也。始可與言詩已矣！」

純淨無過於潔白，藝術無過於自然。戕賊語言以為藝術，猶戕賊人性以為仁義，戕賊杞柳為桮棬。

現在敍《詩經》中的幾類情色。

嚴滄浪論盛唐詩曰：「羚羊掛角，無跡可求。透澈玲瓏，不可湊泊。如空中之音，相中之色。水中之月，鏡中之象。言有盡而意無窮。」這也是詩中境界能自然後之象。《詩三百》中指到這一格者正不少。例如《燕燕于飛》：

燕燕于飛，差池其羽。之子于歸，遠送于野。瞻望弗及，泣涕如雨。

燕燕于飛，頡之頏之。之子于歸，遠於將之。瞻望弗及，佇立以泣。

燕燕于飛，下上其音。之子于歸，遠送于南。

瞻望弗及，實勞我心。

仲氏任只，其心塞淵。終溫且惠，淑慎其身。先君之思，以勗寡人。

又如《蒹葭》：

蒹葭蒼蒼，白露為霜。所謂伊人，在水一方。溯洄從之，道阻且長。溯游從之，宛在水中央。

蒹葭凄凄，白露未晞。所謂伊人，在水之湄。溯洄從之，道阻且躋。溯游從之，宛在水中坻。

蒹葭采采，白露未已。所謂伊人，在水之涘。溯洄從之，道阻且右。溯游從之，宛在水中沚。

又如《小戎》：

小戎俴收，五楘梁輈。游環脅驅，陰靷鋈續。文茵暢轂，駕我騏馵。言念君子，溫其如玉。在其板屋，亂我心曲。

《邶》《鄘》《衛》之《谷風》及《氓》，總算最能訴說柔情的棄婦詞了。而《小雅》中之「習習谷風」，幾句話說完，意思更覺無限。……

習習谷風，維風及雨。將恐將懼，維予與女。將安將樂，女轉棄予。

習習谷風，維風及頹。將恐將懼，寘予于懷。將安將樂，棄予如遺。

習習谷風，維山崔嵬。無草不死，無木不萎。忘我大德，思我小怨。

這些都是言短意長，境界具於詞語之外，愈反復看去，愈覺其含義無窮。

另有絕妙一格，把聲色景物，密意柔情，一齊圖出來的，例如《出車》：

我出我車，于彼牧矣。自天子所，謂我來矣。召彼僕夫，謂之載矣。王事多難，維其棘矣。

我出我車，于彼郊矣。設此旐矣，建彼旄矣。彼旟旐斯，胡不旆旆？憂心悄悄，僕夫況瘁。

王命南仲，往城于方，出車彭彭，旂旐央央。天子命我，城彼朔方。赫赫南仲，玁狁于襄。

昔我往矣，黍稷方華。今我來思，雨雪載塗。王事多難，不遑啓居。豈不懷歸？畏此簡書。

喓喓草蟲，趯趯阜螽。未見君子，憂心忡忡。

既見君子，我心則降。赫赫南仲，薄伐西戎。

春日遲遲，卉木萋萋。倉庚喈喈，采蘩祁祁。執訊獲醜，薄言還歸。赫赫南仲，玁狁于夷。

或如《采薇》（僅抄末章）：

昔我往矣，楊柳依依。今我來思，雨雪霏霏。行道遲遲，載渴載飢。我心傷悲，莫知我哀。

尤其佳妙的是《東山》，這是《詩經》中第一首好的抒情詩。

我徂東山，慆慆不歸。我來自東，零雨其濛。我東曰歸，我心西悲。製彼裳衣，勿士行枚。蜎蜎者蠋，烝在桑野。敦彼獨宿，亦在車下。

我徂東山，慆慆不歸。我來自東，零雨其濛。果臝之實，亦施于宇。伊威在室，蠨蛸在户。町畽鹿場，熠耀宵行。不可畏也，伊可懷也。

我徂東山，慆慆不歸。我來自東，零雨其濛。鸛鳴于垤，婦歎於室。灑掃穹窒，我征聿至。有敦瓜苦，烝在栗薪。自我不見，于今三年。

我徂東山，慆慆不歸。我來自東，零雨其濛。倉庚于飛，熠燿其羽。之子于歸，皇駁其馬。親結其縭，九十其儀。其新孔嘉，其舊如之何？

更有一格，聲光朗然，美而不柔，暢而不放，順而不流，寄神韻於嘹亮之中者，如《君子偕老》：

君子偕老，副笄六珈。委委佗佗，如山如河。象服是宜，子之不淑，云如之何？

玼兮玼兮，其之翟也。鬒髮如雲，不屑髢也。玉之瑱也，象之揥也，揚且之皙也。胡然而天也？胡然而帝也？

瑳兮瑳兮，其之展也。蒙彼縐絺，是紲袢也。子之清揚，揚且之顏也。展如之人兮，邦之媛也。

又如《碩人其頎》：

碩人其頎，衣錦褧衣。齊侯之子，衛侯之妻，東宮之妹，邢侯之姨，譚公維私。

手如柔荑，膚如凝脂。領如蝤蠐，齒如瓠犀，螓首蛾眉，巧笑倩兮，美目盼兮。

碩人敖敖，說于農郊。四牡有驕，朱幩鑣鑣，翟茀以朝。大夫夙退，無使君勞。

河水洋洋，北流活活。施罛濊濊，鱣鮪發發。

葭菼揭揭，庶姜孽孽，庶士有朅。

又如《女曰雞鳴》：

女曰雞鳴，士曰昧旦。子興視夜，明星有爛。將翺將翔，弋鳧與雁。

弋言加之，與子宜之。宜言飲酒，與子偕老。琴瑟在御，莫不靜好。

知子之來之，雜佩以贈之。知子之順之，雜佩以問之。知子之好之，雜佩以報之。

其曲折旋轉以訴柔情者，能極思意之回旋。

《柏舟》：

汎彼柏舟，亦汎其流。耿耿不寐，如有隱憂。微我無酒，以敖以遊。

我心匪鑒，不可以茹。亦有兄弟，不可以據。薄言往愬，逢彼之怒。

我心匪石，不可轉也，我心匪席，不可卷也。威儀棣棣，不可選也。

憂心悄悄，慍于羣小。覯閔既多，受侮不少。靜言思之，寤辟有摽。

日居月諸，胡迭而微？心之憂矣，如匪澣衣。靜言思之，不能奮飛。

《谷風》：

習習谷風，以陰以雨。黽勉同心，不宜有怒。采葑采菲，無以下體。德音莫違，及爾同死。

行道遲遲，中心有違。不遠伊邇，薄送我畿。誰謂荼苦？其甘如薺。宴爾新昏，如兄如弟。

涇以渭濁，湜湜其沚。宴爾新昏，不我屑以。毋逝我梁，毋發我笱。我躬不閱，遑恤我後！

就其深矣，方之舟之。就其淺矣，泳之游之。何有何亡？黽勉求之。凡民有喪，匍匐救之。

不我能慉，反以我為讎。既阻我德，賈用不售。昔育恐育鞫，及爾顛覆。既生既育，比予于毒。

我有旨蓄，亦以御冬。宴而新昏，以我御窮。有洸有潰，既詒我肄。不念昔者，伊余來塈。

《氓》：

氓之蚩蚩，抱布貿絲。匪來貿絲，來即我謀。送子涉淇，至於頓丘。匪我愆期，子無良媒。將子無怒，秋以為期。

乘彼垝垣，以望復關。不見復關，泣涕漣漣。既見復關，載笑載言。爾卜爾筮，體無咎言。以爾車來，以我賄遷。

桑之未落，其葉沃若。于嗟鳩兮，無食桑葚。于嗟女兮，無與士耽。士之耽兮，猶可說也。女之耽兮，不可說也。

桑之落矣，其黃而隕。自我徂爾，三歲食貧。淇水湯湯，漸車帷裳。女也不爽，士貳其行。士也罔極，二三其德。

三歲為婦，靡室勞矣。夙興夜寐，靡有朝矣。言既遂矣，至於暴矣。兄弟不知，咥其笑矣。靜言思之，躬自悼矣。

及爾偕老，老使我怨。淇則有岸，隰則有泮。總角之宴，言笑晏晏。信誓旦旦，不思其反。反是不思，亦已焉哉。

《載馳》：

載馳載驅，歸唁衛侯。驅馬悠悠，言至於漕。大夫跋涉，我心則憂。

既不我嘉，不能旋反。視爾不臧，我思不遠。

既不我嘉，不能旋濟。視爾不臧，我思不閟。

陟彼阿丘，言采其蝱。女子善懷，亦各有行。許人尤之，眾穉且狂。

我行其野，芃芃其麥。控於大邦，誰因誰極？大夫君子，無我有尤。百爾所思，不如我所之。

而直陳其事，但作短言，亦能蘊蓄感覺于語外。

《君子于役》：

君子于役，不知其期，曷至哉？雞棲于塒，日之夕矣，羊牛下來。君子于役，如之何勿思？

君子于役，不日不月，曷其有佸？雞棲于桀，日之夕矣，羊牛下括。君子于役，苟無飢渴？

《蟋蟀》（僅錄首章）：

蟋蟀在堂，歲聿其莫。今我不樂，日月其除。無已大康，職思其居。好樂無荒，良士瞿瞿。

《山有樞》(僅錄末章)：

山有漆，隰有栗。子有酒食，何日不鼓瑟？且以喜樂，且以永日。宛其死矣，他人入室。

又如《無羊》一篇，全是一篇絕好的畫圖，所說不多而畫景無限。

誰謂爾無羊？三百維羣。誰謂爾無牛？九十其犉。爾羊來思，其角濈濈。爾牛來思，其耳濕濕。

或降于阿，或飲于池，或寢或訛。爾牧來思，何蓑何笠，或負其餱。三十維物，爾牲則具。

爾牧來思，以薪以蒸，以雌以雄。爾羊來思，矜矜兢兢，不騫不崩。麾之以肱，畢來既升。

牧人乃夢，眾維魚矣，旐維旟矣，大人占之；眾維魚矣，實維豐年；旐維旟矣，室家溱溱。

更有以俗見趣者，是《詩三百》中一個盛格。因為《詩三百》

本是些民間歌詞，巷語田謳，自是最真摯的。

《簡兮》：

簡兮簡兮，方將萬舞。日之方中，在前上處。

碩人俁俁，公庭萬舞。有力如虎，執轡如組。

左手執籥，右手秉翟。赫如渥赭，公言錫爵。

山有榛，隰有苓。云誰之思？西方美人。彼美人兮，西方之人兮。

《大叔于田》：

叔于田，乘乘馬。執轡如組，兩驂如舞。叔在藪，火烈具舉。襢裼暴虎，獻于公所。將叔勿狃，戒其傷女。

叔于田，乘乘黃。兩服上襄，兩驂雁行。叔在藪，火烈具揚。叔善射忌，又良御忌。抑磬控忌，抑縱送忌。

叔于田，乘乘鴇。兩服齊首，兩驂如手。叔在藪，火烈具阜。叔馬慢忌，叔發罕忌。抑釋掤忌，抑鬯弓忌。

乃至把親切的話說得已甚俚俗，而我們還感覺到他有趣味。例如《揚之水》：

揚之水，不流束楚。終鮮兄弟，維予與女。無信人之言，人實迋女。

揚之水，不流束薪。終鮮兄弟，維予二人。無信人之言，人實不信。

《綢繆》：

綢繆束薪，三星在天。今夕何夕，見此良人。子兮子兮，如此良人何？

至於別成一調，後人全無繼續者，則有《鴟鴞》一首之作鳥語：

鴟鴞鴟鴞，既取我子，無毀我室。恩斯勤斯，鬻子之閔斯！

迨天之未陰雨，徹彼桑土，綢繆牖戶。今女下民，或敢侮予。

予手拮据，予所捋荼。予所蓄租，予口卒瘏。曰予未有室家。

予羽譙譙，予尾翛翛，予室翹翹。風雨所漂搖。予維音嘵嘵。

《伐檀》《碩鼠》兩篇，敘人民不平之感，甚有氣力（各錄首章）：

坎坎伐檀兮，寘之河之干兮。河水清且漣漪。不稼不穡，胡取禾三百廛兮？不狩不獵，胡瞻爾庭，有縣貆兮？彼君子兮，不素餐兮！

碩鼠碩鼠，無食我黍。三歲貫女，莫我肯顧。逝將去女，適彼樂土。樂土樂土，爰得我所。

然而《詩・風》中最盛之一格，是《七月》那篇農民和樂的歲歌。這首總敘人民在封建制度中之生活，一個人民生活之本，亦即他的文學之本。

七月流火，九月授衣。一之日觱發，二之日栗烈。無衣無褐，何以卒歲！三之日于耜，四之日舉趾。同我婦子，饁彼南畝，田畯至喜。

七月流火，九月授衣。春日載陽，有鳴倉庚。女執懿筐，遵彼微行，爰求柔桑。春日遲遲，采蘩祁祁。女心傷悲，殆及公子同歸。

七月流火，八月萑葦。蠶月條桑，取彼斧斨。以伐遠揚，猗彼女桑。七月鳴鵙，八月載績。載玄載黃，我朱孔陽，為公子裳。

四月秀葽，五月鳴蜩。八月其穫，十月隕蘀。一之日于貉，取彼狐狸，為公子裘。二之日其同，載纘武功。言私其豵，獻豜于公。

五月斯螽動股，六月莎雞振羽。七月在野，八月在宇，九月在户，十月蟋蟀，入我牀下。穹窒熏鼠，塞向墐户。嗟我婦子，曰為改歲，入此室處。

六月食鬱及薁，七月亨葵及菽，八月剝棗，十月穫稻。為此春酒，以介眉壽。七月食瓜，八月斷壺，九月叔苴。采荼薪樗，食我農夫。

九月築場圃，十月納禾稼。黍稷重穋，禾麻菽麥。嗟我農夫，我稼既同，上入執宮功。晝爾于茅，宵爾索綯。亟其乘屋，其始播百穀。

二之日鑿冰沖沖，三之日納于凌陰，四之日其蚤，獻羔祭韭。九月肅霜，十月滌場。朋酒斯饗，曰殺羔羊。躋彼公堂，稱彼兕觥，萬壽無疆。

按舉此一篇，可該《小雅・楚茨》《信南山》《甫田》《大田》四篇。

《詩》的文辭大致可分為風、雅二類（以雅括頌），《風》是抒情詩，而《雅》是有容止的詩，但中間並無嚴整的界限，我們上文論《風》已引進了《小雅》，現在論《雅》也免不了引進《風》。

《雅》詩第一類是儀容和平者，例如：

定之方中，作于楚宮，揆之以日，作于楚室。樹之榛栗，椅桐梓漆，爰伐琴瑟。

升彼虛矣，以望楚矣。望楚與堂，景山與京。降觀于桑。卜云其吉，終焉允臧。

靈雨既零，命彼倌人。星言夙駕，說于桑田。匪直也人，秉心塞淵，騋牝三千。

又一類是穆穆雝雝者：

天保定爾，亦孔之固。俾爾單厚，何福不除？俾爾多益，以莫不庶。

天保定爾，俾爾戩穀。罄無不宜，受天百祿。降爾遐福，維日不足。

天保定爾，以莫不興。如山如阜，如岡如陵。如川之方至，以莫不增。

吉蠲為饎，是用孝享。禴祠烝嘗，于公先生。君曰卜爾，萬壽無疆。

神之弔矣，詒爾多福。民之質矣，日用飲食。羣黎百姓，遍為爾德。

如月之恒，如日之升。如南山之壽，不騫不崩。如松柏之茂，無不爾或承。

《彤弓》：

彤弓弨兮，受言藏之。我有嘉賓，中心貺之。鐘鼓既設，一朝饗之。

彤弓弨兮，受言載之。我有嘉賓，中心喜之。鐘鼓既設，一朝右之。

彤弓弨兮，受言櫜之。我有嘉賓，中心好之。鐘鼓既設，一朝醻之。

《菁菁者莪》：

菁菁者莪，在彼中阿。既見君子，樂且有儀。

菁菁者莪，在彼中沚。既見君子，我心則喜。

菁菁者莪，在彼中陵。既見君子，錫我百朋。

汎汎楊舟，載沉載浮。既見君子，我心則休。

按，《雅》中有這樣的詩，猶之乎《風》中有《芣苢》，此處但為相見之樂，以短辭作容止之莊；彼處是山謠野謳，以短詞成眾唱之和；彼處有情景，此處有容儀，這都不是可拿後來詩人做詩之格局去評論的。

詩文之盛，是寬博淵懿者，其中含蓄若干思想，以成振而不盪，莊而不斂之詞。

《文王》：

文王在上，於昭于天。周雖舊邦，其命維新。有周不顯，帝命不時。文王陟降，在帝左右。

亹亹文王，令聞不已。陳錫哉周，侯文王孫子。文王孫子，本支百世。凡周之士，不顯亦世。

世之不顯，厥猶翼翼。思皇多士，生此王國。王國克生，維周之楨。濟濟多士，文王以寧。

穆穆文王，於緝熙敬止。假哉天命，有商孫子。商之孫子，其麗不億。上帝既命，侯於周服。

侯服於周，天命靡常。殷士膚敏，祼將于京。厥作祼將，常服黼冔。王之藎臣，無念爾祖。

無念爾祖，聿脩厥德。永言配命，自求多福。殷之未喪師，克配上帝。宜鑒于殷，駿命不易。

命之不易，無遏爾躬。宣昭義問，有虞殷自天。上天之載，無聲無臭。儀刑文王，萬邦作孚。

《皇矣上帝》：

皇矣上帝，臨下有赫。監觀四方，求民之莫。維此二國，其政不獲。維彼四國，爰究爰度。

上帝耆之，憎其式廓。乃眷西顧，此維與宅。

作之屏之，其菑其翳。脩之平之，其灌其栵。啟之辟之，其檉其椐。攘之剔之，其檿其柘。帝遷明德，串夷載路。天立厥配，受命既固。

帝省其山，柞棫斯拔。松柏斯兑，帝作邦作對，自大伯王季。維此王季，因心則友。則友其兄，則篤其慶。載錫之光，受祿無喪，奄有四方。

維此王季，帝度其心，貊其德音。其德克明，克明克類，克長克君。王此大邦，克順克比。比于文王，其德靡悔。既受帝祉，施于孫子。

帝謂文王：無然畔援，無然歆羡，誕先登于岸。密人不恭，敢距大邦，侵阮徂共。王赫斯怒，爰整其旅，以按徂旅，以篤周祜，以對于天下。

依其在京，侵自阮疆。陟我高岡，無矢我陵。我陵我阿，無飲我泉，我泉我池。度其鮮原，居岐之陽。在渭之將，萬邦之方，下民之王。

帝謂文王：予懷明德，不大聲以色，不長夏以革。不識不知，順帝之則。帝謂文王：詢爾仇方，同爾弟兄。以爾鉤援，與爾臨衝，以伐崇墉。

臨衝閑閑，崇墉言言。執訊連連，攸馘安安。是類是禡，是致是附，四方以無侮。臨衝茀茀，崇墉仡仡。是伐是肆，是絕是忽，四方以無拂。

《時邁》：

時邁其邦，昊天其子之，實右序有周。薄言震之，莫不震疊。懷柔百神，及河喬嶽。允王維后，明昭有周，式序在位。載戢干戈，載櫜弓矢。我求懿德，肆于時夏，允王保之。

尤盛是發揚蹈厲者，此是《雅》中文詞之最高點。
《文王有聲》：

文王有聲，遹駿有聲。遹求厥寧，遹觀厥成。文王烝哉！
文王受命，有此武功。既伐于崇，作邑于豐。文王烝哉！
築城伊淢，作豐伊匹。匪棘其欲，遹追來孝。王后烝哉！
王宮伊濯，維豐之垣。四方攸同，王后維翰。王后烝哉！
豐水東注，維禹之績。四方攸同，皇王維辟。皇王烝哉！
鎬京辟廱，自西自東。自南自北，無思不服。皇王烝哉！

考卜維王，宅是鎬京。維龜正之，武王成之。武王烝哉！

豐水有芑，武王豈不仕？詒厥孫謀，以燕翼子。武王烝哉！

《六月》：

六月棲棲，戎車既飭。四牡騤騤，載是常服。玁狁孔熾，我是用急。王于出征，以匡王國。

比物四驪，閑之維則。維此六月，既成我服。我服既成，于三十里。王于出征，以佐天子。

四牡脩廣，其大有顒。薄伐玁狁，以奏膚公。有嚴有翼，共武之服。共武之服，以定王國。

玁狁匪茹，整居焦穫。侵鎬及方，至於涇陽。

織文鳥章，白旆央央。元戎十乘，以先啓行。

戎車既安，如輊如軒。四牡既佶，既佶且閑。薄伐玁狁，至於大原。文武吉甫，萬邦爲憲。

吉甫燕喜，既多受祉。來歸自鎬，我行永久。飲御諸友，炰鱉膾鯉。侯誰在矣？張仲孝友。

《常武》：

赫赫明明，王命卿士。南仲大祖，大師皇父。整我六師，以修我戎。既敬既戒，惠此南國。

王謂尹氏，命程伯休父。左右陳行，戒我師旅。率彼淮浦，省此徐土。不留不處，三事就緒。

赫赫業業，有嚴天子，王舒保作。匪紹匪遊，徐方繹騷，震驚徐方。如雷如霆，徐方震驚。

王奮厥武，如震如怒。進厥虎臣，闞如虓虎。鋪敦淮濆，仍執醜虜。截彼淮浦，王師之所。

王旅嘽嘽，如飛如翰，如江如漢。如山之苞，如川之流，綿綿翼翼。不測不克，濯征徐國。

王猶允塞，徐方既來。徐方既同，天子之功。四方既平，徐方來庭。徐方不回，王曰還歸。

《長發》：

濬哲維商，長發其祥。洪水芒芒，禹敷下土方。外大國是疆，幅隕既長。有娀方將，帝立子生商。

玄王桓撥，受小國是達，受大國是達。率履不越，遂視既發。相土烈烈，海外有截。

帝命不違，至於湯齊。湯降不遲，聖敬日躋。昭假遲遲，上帝是祗，帝命式于九圍。

受小球大球，為下國綴旒，何天之休。不競不絿，不剛不柔。敷政優優，百祿是遒。

受小共大共，為下國駿厖。何天之龍，敷奏其勇。不震不動，不戁不竦，百祿是總。

武王載旆，有虔秉鉞。如火烈烈，則莫我敢曷。

苞有三蘖，莫遂莫達。九有有截，韋顧既伐，昆吾夏桀。

昔在中葉，有震且業。允也天子，降於卿士。實維阿衡，實左右商王。

若《雅》中哀怨之詩，則迥異於《風》中哀怨之詩。《風》中之怨，以柔情之宛轉述怨，以不平之憤憤為怨；《雅》中之怨則瞻前顧後，論臧刺比，述情於政，以政寄情。後人只有阮嗣宗、杜子美（及學杜子美者）方為此類詩也。此類詩都很長，僅舉一篇以例其餘。

正月繁霜，我心憂傷。民之訛言，亦孔之將。念我獨兮，憂心京京。哀我小心，癙憂以痒。

父母生我，胡俾我瘉？不自我先，不自我後。好言自口，莠言自口。憂心愈愈，是以有侮。

憂心惸惸，念我無祿。民之無辜，並其臣僕。哀我人斯，于何從祿？瞻烏爰止，于誰之屋？

瞻彼中林，侯薪侯烝。民今方殆，視天夢夢。既克有定，靡人弗勝。有皇上帝，伊誰云憎？

謂山蓋卑，為岡為陵。民之訛言，寧莫之懲。召彼故老，訊之占夢。具曰予聖，誰知烏之雌雄？

謂天蓋高，不敢不局。謂地蓋厚，不敢不蹐。維號斯言，有倫有脊。哀今之人，胡為虺蜴！

瞻彼阪田，有菀其特。天之扤我，如不我克。彼求我則，如不我得。執我仇仇，亦不我力。

心之憂矣，如或結之。今茲之正，胡然厲矣？燎之方揚，寧或滅之。赫赫宗周，褒姒威之。

終其永懷，又窘陰雨。其車既載，乃棄爾輔。載輸爾載，將伯助予。

無棄爾輔，員于爾輻。屢顧爾僕，不輸爾載。終踰絕險，曾是不意。

魚在于沼，亦匪克樂。潛雖伏矣，亦孔之炤。憂心慘慘，念國之為虐。

彼有旨酒，又有嘉殽。洽比其鄰，昏姻孔云。念我獨兮，憂心慇慇。

佌佌彼有屋，蔌蔌方有穀。民今之無祿，天夭是椓。哿矣富人，哀此惸獨。

此宗周亂後，流亡者之詩。

又如《小旻》末章：

> 不敢暴虎，不敢馮河。人知其一，莫知其他。戰戰兢兢，如臨深淵，如履薄冰。

至於規諫之詩，多是「文采不豔而過於叮嚀周至」，然叮嚀而成和諧，亦是美文。

《民勞》：

> 民亦勞止，汔可小康。惠此中國，以綏四方。無縱詭隨，以謹無良。式遏寇虐，憯不畏明。柔遠能邇，以定我王。
>
> 民亦勞止，汔可小休。惠此中國，以為民逑。無縱詭隨，以謹惽怓。式遏寇虐，無俾民憂。無棄爾勞，以為王休。
>
> 民亦勞止，汔可小息。惠此京師，以綏四國。無縱詭隨，以謹罔極。式遏寇虐，無俾作慝。敬慎威儀，以近有德。
>
> 民亦勞止，汔可小愒。惠此中國，俾民憂泄。無縱詭隨，以謹醜厲。式遏寇虐，無俾正敗。戎雖小子，而式弘大。
>
> 民亦勞止，汔可小安。惠此中國，國無有殘。無縱詭隨，以謹繾綣。式遏寇虐，無俾正反。王欲玉女，是用大諫。

《板》：

上帝板板，下民卒癉。出話不然，為猶不遠。靡聖管管，不實於亶。猶之未遠，是用大諫。

天之方難，無然憲憲。天之方蹶，無然泄泄。辭之輯矣，民之洽矣。辭之懌矣，民之莫矣。

我雖異事，及爾同僚。我即爾謀，聽我囂囂。我言維服，勿以為笑。先民有言，詢于芻蕘。

天之方虐，無然謔謔。老夫灌灌，小子蹻蹻。匪我言耄，爾用憂謔。多將熇熇，不可救藥。

天之方懠，無為夸毗。威儀卒迷，善人載尸。民之方殿屎，則莫我敢葵。喪亂蔑資，曾莫惠我師。

天之牖民，如壎如篪，如璋如圭，如取如攜。攜無曰益，牖民孔易。民之多辟，無自立辟。

价人維藩，大師維垣。大邦維屏，大宗維翰。懷德維寧，宗子維城。無俾城壞，無獨斯畏。

敬天之怒，無敢戲豫。敬天之渝，無敢馳驅。昊天曰明，及爾出王。昊天曰旦，及爾游衍。

附錄

詩部類說

《詩經》的部類凡三：一曰風，二曰雅，三曰頌。更分之則四：一曰國風，二曰小雅，三曰大雅，四曰頌。此樣之分別部居至遲在漢初已如是，所謂「四始」之論，即是憑藉這個分部法而生的，無此分別即無「四始」說，是很顯然的。然四始之說究竟古到甚麼時候呢？現在見到的《毛詩》四始說在詩序中，其說曰：

是以一國之事，繫一人之本，謂之風。言天下之事，形四方之風，謂之雅。雅者，政也，言王政之所由廢興也。政有大小，故有小雅焉，有大雅焉。頌者，美盛德之形容以其成功告於神明者也。是謂四始，詩之至也。

這一說不是釋四始，而是釋四部之名義，顯是後起的。今所見最早之四始說在《史記・孔子世家》：

古者詩三千餘篇。及至孔子，去其重，取可施於禮義，上採契、后稷，中述殷周之盛，至幽、厲之缺，始於衽席。故曰：「《關雎》之亂以為《風》始，《鹿鳴》為《小雅》始，《文王》為《大雅》始，《清廟》為《頌》始。」《三百五篇》孔子皆弦歌之，以求合《韶》、《武》、《雅》、《頌》之音。禮樂自此可得而述，以備王道，成六藝。

此則四始之本說，非如毛序之竊義。據此說，知所謂四始者，乃將一部《詩經》三百餘篇解釋為一個整齊的系統，原始要終，一若《呂子》之有十二紀，《說文》之始一終亥者然。且與刪詩之義，歌樂之用，皆有關係。作此說者，蓋以為其終始如此謹嚴者，正是孔子有心之編製，為禮義，為弦歌，勢所必然。

現在如可證明詩之部類本不為四，則四始之說必非古義，而為戰國末年說詩者受當時思想系統化之影響而創作者。現在依風、雅、頌之次序解釋之。

風

所謂「風」一個名詞起來甚後。這是宋人的舊說，現在用證據充實之。《左傳》襄二十九，吳季札觀周樂於魯，所歌詩之次序與今本「三百篇」大同。其文曰：「為之歌《周南》、《召南》，……為之歌《邶》、《鄘》、《衛》，……為之歌《王》，……為之歌《鄭》，……為之歌《齊》，……為之歌《豳》，……為之歌《秦》，……為之歌《魏》，……為之歌《唐》，……為之歌《陳》，……自《鄶》而下，……為之歌《小雅》，……為之歌《大雅》，……為之歌《頌》。」此一次序與今見毛本（熹平石經本，據今已見殘石推斷，在此點上當亦不異於毛本）不合者，《周南》、

《召南》不分為二。《邶》、《鄘》、《衛》不分為三，此等處皆可見後代《詩經》本子之腐化。《周南》、《召南》古皆並舉，從無單舉者，而《邶》、《鄘》、《衛》之不可分亦不待言。又襄二十九之次序中，《豳》、《秦》二風提在《魏》、《唐》之前，此雖似無多關係，然《雅》、《頌》之外，陳、鄶、曹諸國既在後，似詩之次序置大部類於前，小國於後者；如此，則《豳》、《秦》在前，或較今見之次序為勝。最可注意者，即此一段記載中並無「風」字。《左傳》一書引《詩》喻《詩》者數百處，風之一詞，僅見於隱三年周鄭交質一節中，其詞曰：「《風》有《采蘩》、《采蘋》，《雅》有《行葦》、《泂酌》。」此一段君子曰之文辭，全是空文敷衍，准以劉申叔分解之例，此當是後人增益的空話。除此以外，以《左傳》、《國語》兩部大書，竟無《國風》之風字出現，而雅、頌兩名詞是屢見的，豈非風之一詞成立本在後呢？《論語》又給我們同樣的一個印象，《雅》、《頌》是並舉的，《周南》、《召南》是並舉的，說到「關雎之亂」，而並不曾說到「風之始」，風之一名詞絕不曾出現過的。即《詩三百》之本文，也給我們同樣的一個印象，《小雅・鼓鍾篇》，「以雅以南」，明是雅、南為同列之名，非風、雅為同列之名。《大雅・崧高篇》所謂「吉甫作誦……其風肆好」者，風非所謂國風之義。孟子、荀子、儒家之正宗，其引《詩》亦絕不提及風字。然則風之一詞之為後起之義，更無可疑。其始但是周南、召南一堆，邶、鄘、衛一堆，王一堆，鄭一堆。……此皆對小雅、大雅一堆而為平等者，雖大如「洋洋盈耳」之周南、召南，小如「自鄶而下無譏焉」之曹，大小雖別，其類一也。非《國風》分為如許部類，實如許部類本各自為別，更無風之一詞以統之。必探詩之始，此乃詩之原始容貌。

然則風之一詞本義怎樣，演變怎樣，現在可得而疏證之。風者，本泛指歌詞而言，入戰國成一種詭詞之稱，至漢初乃演化為枚馬之體。現在分幾段敍說這個流變：

一、「風」、「諷」乃一字，此類隸書上加偏旁的字每是漢儒所作的，本是一件通例，而「風」、「諷」二字原為一字尤可證：

《毛詩・序》「所以風」，《經典釋文》「如字。徐，福鳳反，今不用」。按，福鳳反即諷（去聲）之音。又「諷，風也。」《釋文》：「並如字。徐，上如字，下福鳳反。崔靈恩集注本，下即作諷字。劉氏云：動物曰風，託音曰『諷』，崔云：『用風感物則謂之諷。』」《左氏》昭五年注，「以此諷」，《釋文》「本亦作風」。又風讀若諷者，《漢書集注》中例甚多，《經籍籑詁》輯出者如下：《食貨志》下；《藝文志》；《燕王擇傳》；《齊悼惠王肥傳》；《灌嬰傳》；《婁敬傳》，《梁孝王武傳》；《衛青傳》；《霍去病傳》；《司馬相如傳》，三見；《卜式傳》；《嚴助傳》；《王褒傳》；《賈捐之傳》，《朱雲傳》；《常惠傳》；《鮑宣傳》；《韋元成傳》；《趙廣漢傳》，三見；《馮野王傳》；《孔光傳》；《朱博傳》；《何武傳》；《揚雄傳》上，二見；《揚雄傳》下，三見；《董賢傳》；《匈奴傳》上，三見；《匈奴傳》下，二見；《西南夷傳》，二見；《南粵王傳》；《西域傳》上；《元后傳》，二見；《王莽傳》上，二見；《王莽傳》下；《敘傳》上；《敘傳》下，二見；又《後漢書・崔琦傳》注亦同。按由此風為名詞，諷（福鳳反）為動詞，其義則一。

二、風乃詩歌之泛稱。

《詩・大雅》「吉甫作誦，其詩孔碩，其風肆好」。又《小雅》「或湛樂飲酒，或慘慘畏咎。或出入風議，或靡事不為」。鄭箋以為「風猶放也」，未安，當謂出入歌誦，然後上與湛樂飲酒相配，下與靡事不為相反。《春秋繁露》「『文王受命，有此成功。既伐於崇，作邑於豐』，樂之風也」（文王受命在《大雅》）。《論衡》「『風』乎雩，風歌也」。按，如此解《論語》「浴乎沂，風乎舞雩，詠而歸」，然後可通。何晏注，風涼也，揆之情理，浴後曬於高台之上，豈是孔子所能讚許的？

據上引詩之辭為風；誦之則曰諷（動詞），泛指詩歌，非但謂十五國。又以風名詩歌，西洋亦有成例如 Aria 伊大利語謂風，今在德語曰 Arie，在法語曰 Air，皆用為一種歌曲之名。以風名詩，固人情之常也。

三、戰國時一種之詭詞承風之名。

《史記・滑稽列傳》：威王大悅，置酒後宮，召髡，賜之酒。問曰：「先生能飲幾何而醉？」對曰：「臣飲一斗亦醉，一石亦醉。」威王曰：「先生飲一斗而醉，惡能飲一石哉？其說可得聞乎？」髡曰：「賜酒大王之前，執法在傍，御史在後，髡恐懼俯伏而飲，不過一斗徑醉矣。若親有嚴客，髡帣鞠𪬻，侍酒於前，時賜餘瀝，奉觴上壽數起，飲不過二斗徑醉矣。若朋友交游，久不相見，卒然相睹，歡然道故，私情相語，飲可五六斗，徑醉矣。若乃州閭之會，男女雜坐，行酒稽留，六博投壺，相引為曹，握手無罰，目眙不禁，前有墮珥，後有遺簪，髡竊樂此，飲可八斗，而醉二參。日暮酒闌，合尊促坐，男女同席，履舄交錯，杯盤狼藉，堂上燭滅，主人留髡而送客。羅襦襟解，微聞薌澤，當此之時，髡心最歡，能飲一石。故曰：酒極則亂，樂極則悲，萬事盡然，言不可極，極之而衰，以諷諫焉。」

此雖史公錄原文，非復全章，然所錄者盡是整語，又含韻詞，此類文章，自詩體來，而是一種散文韻文之混合體，斷然可知也。此處之諷乃名詞，照前例應為風字。「以風諫焉」，猶云以詩（一種之詭詞）諫焉，此可為戰國時一種詭詞承風之名之確證。至於求知這樣的詭詞之風是甚麼，還有些材料在《戰國策》及《史記》中。《戰國策》八記鄒忌與城北徐公比美事，《史記》四十六記騶忌子以鼓琴說齊威王事，皆是此類文章之碎塊遺留者。又《史記》七十四所記之淳于髡，正是說這樣話的人，騶忌、淳于髡便是這樣「出入風議」的人，他們的話便是這樣詭詞，而這樣的詭詞號風。到這時風已不是一種單純韻文的詩體，而是一種混合散文韻文的詭詞了。《荀子・成相》詭詩尚存全章，此等風詞只剩了《戰國策》、《史記》所約省的，約省時已經把鋪陳的話變做仿佛記事的話了。然今日試與枚馬賦一比，其原來體制猶可想象得之。

四、孔子已有「思無邪」與「授之以政」之詩論，孟子更把《詩》與《春秋》合為一個政治哲學系統，而同時上文所舉之詭詞一體，本是篇篇有寓意以當諫諍之用者。戰國漢初，儒者見到這樣的詭調之「風」，承襲儒家之政治倫理哲學，自然更要把刺詩的觀念在解詩中大發達之，於是而「周道缺，詩人本之衽席，《關雎》作，仁義凌遲，《鹿鳴》刺焉」，於是而「『三百篇』當諫書」。《國語》云「瞽獻曲，史獻語」。一種的辭令，每含一種的寓意，如歐洲所謂 Moral 者，由來必遠，然周漢之間，「詩三百」之解釋，至於那樣子政治化者，恐也由於那時候的詭詞既以風名，且又實是寓意之詞，儒者以今度古，以為《詩經》之作，本如詭詩。而孟子至三家之《詩》學，乃發展的很自然矣。

五、由這看來，諷字之與風字，縱分寫為二，亦不過一動一名，原始本無後人所謂「含譏帶諷」之義，此義是因緣引申之義，而附加者。

六、我疑「論」、「議」等詞最初亦皆是一種詭詩或詭文之體，其後乃變為長篇之散文。《莊子・齊物論》，「六合之外，聖人存而不論，六合之內，聖人論而不議，《春秋》經世，先王之志，聖人議而不辨」。此處之論，謂理；議，謂誼；辨謂比。猶云六合外事，聖人存而不疏通之，六合內事，聖人疏通而不是非之，《春秋》有是非矣，而不當有詞，以成偏言。這些都不是指文體之名稱而言者，然此處雖存指文體，此若干名之源，也許是詭詩變為韻文者。《九辯》之文還存在，而以辯名之文，《九辯》外尚有非者。至於論之稱，在戰國中期，田駢作《十二論》，今其《齊物》一篇猶在《莊子》（考另見），在戰國晚年，荀卿、呂不韋皆著論（見《史記》）。然此是後起之義，《論語》以論名，皆語之提要鈎玄處。《晉書・束皙傳》，「太康二年……盜發魏安釐王塚，得竹書數十車。……《論語・師春》一篇，書《左傳》諸卜筮，師春似是造書者姓名也」。《左傳》諸卜筮本是一時流行，至少在三晉流行之《周易》，師為官，春為名，當即傳書之人。《左傳》卜筮皆韻文詭詩，或者這是論一詞之最古用處嗎？議一字見於《詩經》者，「或出入風議」，應是指出入歌詠而言，如此方對下文「靡事不為」。又《鄭語》，「姜，伯夷之後也，嬴，伯翳之後也。伯夷能禮於神，以佐堯者也。伯翳能議百物，以佐舜者也」。韋昭解，「百物草木鳥獸，議使各得其宜」，此真不通之解。上句謂伯夷能禮，下句當謂伯翳能樂，作詭詩以形容百物，而陳義理，如今見《荀子・賦篇》等。

約上文言：春秋時詭詩一種之名，入戰國變成散文一種之體。現在且立此假設，以待後來之證實或證虛。

七、枚、馬賦體之由來。漢初年賦絕非一類，《漢志》分為四家，恐猶未足盡其辨別。此等賦體淵源有自，戰國時各種雜詩之體，今存其名稱者尚不少，此處不及比次而詳論之，姑談枚乘、司馬相如賦體之由來。枚賦今存者，只《七發》為長篇，而司馬之賦，以《子虛》為盛（《上林》實在《子虛》中，為人割裂出來），此等賦之體制可分為下列數事：

（一）鋪張侈辭。

（二）並非詩體，只是散文，其中每有叶韻之句而已。

（三）總有一個寓意（Moral），無論陳設得如何侈靡，總要最後歸於正道，與淳于髡飲酒，鄒忌不如徐公美之辭，全然一樣。

我們若是拿這樣賦體和楚辭較，全然不是一類，和宋玉賦校，詞多同者，而體絕不同，若和齊人諷詞校，則直接之統緒立見。枚馬之賦，固全是戰國風氣，取詞由宋玉賦之一線，定體由諷詞之一線，與屈賦毫不相干者也。淳于髡諸騶子之風必有些很有趣者，惜乎現在只能見兩篇的大概。

因風及諷，說了如許多，似去題太遠。然求明了風一詞非《詩三百》中之原有部類之名，似不得不原始要終，以解風字，於是愈說愈遠矣。

雅

漢魏儒家釋雅字今可見者幾皆以為「雅者正也」(參看《經籍籑詁》所輯)。然雅字本誼經王伯申之考訂而得其確詁。《荀子・榮辱篇》云:「譬之越人安越,楚人安楚,君子安雅。」《讀書雜志》云:「引之曰:雅讀為夏,夏謂中國也,故與楚越對文。《儒效篇》『居楚而楚,居越而越,居夏而夏』,是其證。古者夏、雅二字互通,故左遼齊大夫子雅,韓子《外儲說》右篇作子夏。楊注云『正而有美德謂之雅』,則與上二句不對矣。」斯年按,《荀子》中尚有可以佐此說之材料,《王制篇》云:「聲則凡非雅聲者舉廢。」又云:「使夷狄邪音不敢亂雅。」此皆足說明雅者中國之音之謂;所謂正者,縱有其義,亦是引申。執此以比《論語》所謂「子所雅言,《詩》、《書》、執禮皆雅言也」,尤覺阮元之說,以雅言為官話,爾雅為言之近官話者,正平可易。且以字形考之,雅、夏二字之本字可借古文為證。《三體石經》未出現風雅之雅字,然《說文・疋》下云,「古文以為詩大疋字」,然則《三體石經》之古文雅字必作疋甚明。《三體石經・春秋》中夏字之古文作是,從日從疋,是夏字之一體,正從疋聲,加以日者,明其非為時序之字,準以形聲字之通例,是之音訓正當於疋字中求之也。

雅既為夏，夏既為中國，然則《詩經》之《大雅》、《小雅》皆是周王朝及其士民之時，與夏何涉？此情形乍看似可怪，詳思之乃當然者。

一、成周（洛邑）、宗周（鎬京）本皆有夏地，夏代區域以所謂河東者為本土，南涉河及於洛水，西涉河及於渭水，故東西對稱則曰夷夏，南北對稱，則曰夏楚，春秋末季之秦公云「事蠻夏」，無異謂秦先公周旋於楚晉之間，而《左傳》稱陳、蔡、衛諸國曰東夏（說詳拙著《民族與古代中國史》）。然則夏本西土之宗，兩周之京邑正在其中。

二、周人自以為承夏之統者，在《詩》則曰「我求懿德，肆于時夏」，「無此疆爾界，陳常于時夏」，在《書》則曰「惟乃丕顯考文王，克明德慎罰，不敢侮鰥寡，庸庸祗祗，威威顯民，用肇造我區夏」[說詳拙著《新獲卜辭寫本後記》，跋見《安陽發掘報告》第二期三八四一五頁（文中印刷錯誤極多）]。然則周室王朝之詩，自地理的及文化的統系言之，固宜曰夏聲，朝代雖有廢興，而方域之名稱不改，猶之《詩經》中邶、鄘本非周之侯封，檜、魏亦皆故國之名號，時移世異，音樂之源流依故國而不改。音樂本以地理為別，自古及今皆然者，《詩》之有《大雅》、《小雅》正猶其有《周南》、《召南》。所謂「以雅以南」，可如此觀，此外無他勝誼也。

頌

頌之訓為容，其詩為舞詩，阮元說至不可易。詳拙著《周頌說》，今不復述。

如上所解，則全部《詩經》之部類皆以地理為別，雖《頌》為舞詩，《雅》證王朝之政，亦皆以方土國家為部類者。有一現象頗不可忽略者，即除《周詩》以外，一國無兩種之詩。魯、宋有《頌》，乃無《風》，其實魯之必有《頌》外之詩，蓋無可疑。即就《周詩》論，豳、王異地，雅、南異統，雅為夏聲，乃中國之音，南為南方，乃南國之詩。當時江淮上之周人殖民地中兩種音樂並用，故可曰「以雅以南」。今試為此四名各作一界說如下：

《大雅》、《小雅》夏聲

《周南》、《召南》南音（南之意義詳周頌說）

王國東周之民歌

豳詩周本土人戍東方者之詩（說見後）

所謂四方之音

在後來所謂國風之雜亂一大堆中，頗有幾個地理的頭緒可尋。《呂氏春秋・音初》篇為四方之音各造一段半神話的來源，這樣神話固不可當作信史看，然其分別四方之音，可據之以見戰國時猶深知各方之聲音異派。且此地所論四方恰和所謂國風中系統有若干符合，現在引《呂子》本文，加以比核。

甲，南音

禹行功，見塗山之女，禹未之遇，而巡省南土。塗山氏之女，乃令其妾候禹於塗山之陽，女乃作歌，歌曰：「候人兮猗。」實始作為南音。周公及召公取風焉，以為「周南召南」。

以「候人兮」起興之詩，今不見於二《南》，然戰國末人，必猶及知二《南》為南方之音，與北風對待，才可有這樣的南音原始說。二《南》之為南音，許是由南國俗樂所出，周殖民於南國者不免用了他們的俗樂，也許戰國時南方各音由二《南》一流之聲樂出，《呂覽》乃由當時情事推得反轉了，但這話是無法證明的。

乙，北音

有娀氏有二佚女，為之九成之台，飲食必以鼓。

帝令燕往視之，鳴若謚隘，二女愛而爭搏之，覆以玉筐，少選，發而視之，燕遺二卵，北飛，遂不返。二女作歌，一終曰：「燕燕往飛。」實始作為北音。

以燕燕于飛（即燕燕往飛）起興之詩，今猶在《邶》、《鄘》、《衛》中（凡以一調起興為新詞者，新詞與舊調應同在一聲範域之中，否則勢不可歌。起興為詩，當即填詞之初步，特填詞法嚴，起興自由耳）。是詩之《邶》、《鄘》、《衛》為北音。又《說苑・修文篇》「紂為北鄙之聲，其亡也忽焉」，《衛》正是故殷朝歌。至於

《邶》、《鄘》所在，說者不一。

丙，西音

周昭王親將征荊，辛餘靡長且多力，為王右。還反涉漢，梁敗，王及蔡公摽漢中，辛餘靡振王北濟，又反振蔡公。周公乃侯之西翟，實為長公（周公旦如何可及昭王時，此後人半神話）。殷整甲徙宅西河，猶思故處，實始作為西音。長公繼是音以處西山，秦繆公取風焉，實始作為秦音。

然則《秦風》即是西音，不知李斯所謂「擊甕叩缶，彈箏搏髀」者，即《秦風》之樂否？《唐風》在文辭上看來和《秦風》近，和《鄭》、《王》、《陳》、《衛》迥異，或也在西音範圍之內。

丁，東音

夏后氏孔甲田於東陽萯山，天大風，晦盲，孔甲迷惑，入於民室。主人方乳，或曰：「后來，是良日也，之子是必大吉。」或曰：「不勝者，之子是必有殃。」乃取其子以歸曰：「以為余子，誰敢殃之？」子長成人，幕動坼橑斫斬其足，遂為守門者。孔甲曰：「嗚呼，有疾，命矣夫！」乃作為破斧之歌，實始為東音。

今以破斧起興論周公之詩在《豳風》。疑《豳風》為周公向東殖民以後，魯之統治階級用周舊詞，採奄方土樂之詩（此說已在《周頌》中論及）。

從上文看，那些神話固不可靠，然可見邶、南、豳、秦方土不同，音聲亦異，戰國人固知其為異源。

戊，鄭聲

《論語》言放鄭聲，可見當時鄭聲流行的勢力。《李斯上秦王書》「鄭衛桑間……異國之樂也，今棄擊缶而就鄭衛」，不知鄭是由衛出否？秦始皇時鄭聲勢力尚如此大，劉季稱帝，「朔風變於楚」，上好下甚，或者鄭聲由此而微。至於哀帝之放鄭聲，恐怕已經不是戰國的鄭聲了。

己，其他

齊人好宗教（看《漢書・郊祀志》），作侈言（看《史記・孟子騶子列傳》），能論政（看《管》、《晏》諸書），「泱泱乎大國」，且齊以重樂名。然詩風所存齊詩不多，若干情詩以外，即是桓姜事者，恐此不足代表齊詩。

《詩經》中之「性」「命」字

一、論《詩經》中本無「性」字

《詩經》中之「生」字，其用法與今日無殊，不需舉例，今但論「性」字。《詩經》中之「性」字僅出現於《大雅・卷阿》，其文云：

> 伴奐爾游矣，優游爾休矣。豈弟君子，俾爾彌爾性，似先公酋矣。
>
> 爾土宇昄章，亦孔之厚矣。豈弟君子，俾爾彌爾性，百神爾主矣。
>
> 爾受命長矣，茀祿爾康矣。豈弟君子，俾爾彌爾性，純嘏爾常矣。

箋曰，「彌終也」，又曰，「乃使女終女之性命」。此固可證鄭所見《詩經》已作性字，然此說實覺文義不順。後世所謂惟命者，實即今人所謂生命。此章本為祝福之語，所謂「俾爾彌爾性」者，即謂俾爾終爾之一生，性固不可終，則此處之性字必為生字明矣。且此點可以金文證之：

叔孫父簋：(嘯下・五五，薛一四・一二八) 綰綽眉壽，永令彌底生，萬年無疆。

姞簋：(恪一一・二二，代六・五三) 用祈丏眉壽綽綰，永令彌厥生，霝終。

齊：(恪二・二一，代一・六七) 用祈侯氏永命萬年，保其身。……用祈壽老毋死，保兄弟。用求考命彌生，肅肅義政，保子。

《詩》所謂「彌爾性」在金文中正作「彌厥生」，其出現全在祈求壽考之吉語中。從此可知彌生即長生，從此可知「詩三百」中不特無論性之哲學如阮氏所附會者，即性之一字本亦無之也（參看徐中舒先生《金文嘏辭釋例》，見《歷史語言研究所集刊》第六本）。

二、《詩經》中之「令」「命」字

《詩經》中之「令」字與「命令」一義無涉者，有下列諸項：

一、《毛傳》以「命令」為纓環聲者：

《齊風・盧令》盧令令。

二、《鄭箋》以「脊令」為雍渠者：

《小雅・常棣》，脊令在原。箋曰：「雝渠，水鳥。」

《小雅・小宛》，題彼脊令。傳曰：「脊令不能自舍。」

三、《鄭箋》以為訓善者，或未明說，按其文義應與訓善之「令」為一辭者：

《邶風・凱風》，我無令人。箋曰：「令，善也。」

《小雅・蓼蕭》，令德壽豈。

《小雅・湛露》，莫不令德。箋曰：「令，善也。」

同，莫不令儀。

《小雅・十月之交》，不寧不令。箋曰：「天下不安，政教不善之征。」

《小雅・車舝》，令德來教。箋曰：「喻王有美茂之德。」

《小雅・賓之初筵》，維其令儀。箋曰：「令，善也。」

《小雅・角弓》，此令兄弟，不令兄弟。箋曰：「令，善也。」

《大雅・文王》，令聞不已。箋曰：「令，善。」

《大雅・既醉》，高朗令終。箋曰：「令，善也。」

同，令終有俶。

《大雅・假樂》，顯顯令德。箋曰：「天嘉樂成王有光光之善德。」

《大雅・卷阿》，令聞令望。箋曰：「令，善也。」

《大雅・烝民》，令儀令色。箋曰：「令，善也。」

《大雅・韓奕》，慶既令居。箋曰：「慶，善也。」（按此猶言善其善居也。）

《大雅・江漢》，令聞不已。箋曰：「稱揚王之德美。」

《魯頌・閟宮》，令妻壽母。箋曰：「令，善也。」

以上因字義之絕異，知其與令命字無涉。所有鄭箋以之訓善之令字及其同類之令字，在《詩經》本書皆原作霝字，不作令字，其證如下。

上段所舉「高朗令終」，箋以其中之「令」字訓善者，當即後世所謂善終。此一吉祝辭，屢見於金文，皆作霝終，且有與令字同出一器者。從此可知訓善之令，在金文皆作霝，與令絕不相混，亦不相涉也。如：

將鼎：（嘯下・五一）萬年無疆，霝終霝令。（按以後世通行字寫之，當作「令終令命」。）

微鼎：（薛一〇・九四）屯右眉壽，永令霝終，其萬年無疆。（以後世通行字寫之當作「永命令終」。）

克鼎：（恪五・五）眉壽永令，霝終，萬年無疆。

頌鼎：（恪四・二三）萬年眉壽無疆，臣天子，霝終。（按此祝已福，非祝天子之福，猶云服臣於王，得保首領以沒。臣當連下讀。）

據此，《詩》中訓善之令字古皆作平聲之霝，不作去聲之令。後人既以命字代令字，乃以令字代霝字。故凡此訓善之令字皆可剔出，以其與命令之辭意無關也。茲更圖以明之：

上圖僅表示今本《詩經》對金文書式大體之轉變，非全數如此。如「靈雨既零」，靈字未改寫令。「自公令之」，令未改寫命，是也。

此訓善之令字既剔出，則知今本《詩經》中之令字存原義者，僅有兩處，未改寫命字：

《齊風・東方未明》，自公令之。上章言「自公召之」，則令即召也，即命也。

《秦風・車鄰》，寺人之令。箋曰：「必先令寺人，使傳告之。」此外皆作命字，動用名用無別。（霝冬即令終，宋人已如此釋金文。王懷祖先生更證明之，見《廣雅疏證》卷一上「靈善也」及卷四下「冬終也」條。詩箋以為訓善之令字原作霝，段茂堂已揭之，見《說文》令字注。）

《詩》中所有作動用之命字如下：

《小雅・出車》，王命南仲。

同，天子命我。

《小雅・采菽》，天子命之。

《大雅・崧高》，王命召伯。（三見）

同，王命申伯。

同，王命傅御。

《大雅・烝民》，王命仲山甫。（再見）

《大雅・韓奕》，王親命之。

《大雅・江漢》，王命召虎。（再見）

《大雅・常武》，王命卿士。

同，命程伯休父。

《周頌・臣工》，命我眾人。

《魯頌・閟宮》，乃命魯公。

以上命自王。

《鄘風・定之方中》，命彼倌人。

以上命自君。

《小雅・綿蠻》，命彼後車。（三見）

《大雅・抑》，匪面命之。

以上泛言命自在上者。

《大雅・文王》，上帝既命。

《大雅・大明》，命此文王。

同，保右命爾。

《大雅・假樂》，保右命之。

《商頌・玄鳥》，天命玄鳥。

同，古帝命武湯。

同，方命厥後。

《商頌・殷武》，天命多辟。

同，命於下國。

以上命自天。

《詩》中所有自動詞出而變作名詞或形容詞之命字，如下：

《鄭風・羔裘》，彼其之子，舍命不渝。（據惠棟、戴震、王國維諸氏說，舍訓釋，命則君王之命，《鄭箋》失之。）

《小雅・采芑》，服其命服。（箋云：「命服者，命為將受王命之服也。」）

《大雅・卷阿》，維君子命。

《大雅・烝民》，明命使賦。

同，出納王命。

同，肅肅王命。

《大雅・韓奕》，韓侯受命。

同，無廢朕命。

同，朕命不易。

同，以先祖受命。

《大雅・江漢》，自召祖命。

以上王命，或泛言在上者之命。

《唐風・揚之水》，我聞有命。

《大雅・抑》，謨定命。

以上亦自在上者之命一義出，引申為政令。

《小雅・十月之交》，天命不徹。

《小雅・小宛》，天命不又。

《大雅・文王》，其命維新。

同，帝命不時。

同，假哉天命。

同，天命靡常。

同，永言配命。（又見下武）

同，駿命不易。

同，命之不易。

《大雅・大明》，有命既集。

同，有命自天。

《大雅・皇矣》，受命既固。

《大雅・文王有聲》，文王受命。

《大雅・既醉》，景命有僕。

《大雅・卷阿》，爾受命長矣。

《大雅・盪》，其命多辟。

同，其命匪堪。

同，大命以傾。

《大雅・雲漢》，大命近止。（再見）

《大雅・江漢》，文武受命。

同，于周受命。

《大雅・召旻》，昔先王受命。

《周頌・維天之命》，維天之命。

《周頌・昊天有成命》，昊天有成命。

同，夙夜基命宥密。

《周頌・思文》，帝命率育。

《周頌・敬之》，命不易哉。

《周頌・桓》，天命匪懈。

《周頌・賚》，時周之命。（又見殷）

《商頌・烈祖》，我受命溥將。

《商頌・玄鳥》，受命不殆。

同，殷受命咸宜。

《商頌・長發》，帝命不違。

同，帝命式于九圍。

《商頌・殷武》，天命降監。（箋曰，「天命乃下視下民」，故此句之命字為名用，與「天命玄鳥」之為動用者不同。）

以上天命。

《召南・小星》，寔命不同。

同，寔命不猶。

《鄘風・蝃》，不知命也。

以上自天命之義引申而出，為「命定」之義。（「命正」「命定」諸解，均詳中卷。）

據上文所分析，《詩經》中命字之字義，以關於天命者為最多，其命定一義，則後來儒墨爭鬥之對象也。所有《詩》、《書》中之天命觀，及東周時代此一線思想之演變，均詳中卷。

宋朱熹的《詩經集傳》和《詩序辨》

這兩部書很被清代漢學家的攻擊——其實朱子同時的人，早已有許多爭論了。——許多人認他做全無價值的「杜撰」書。但是據我看來，他實在比毛公的傳，鄭君的箋，高出幾百倍。就是後人的重要著作，像陳啟源的《毛詩稽古編》、陳奐的《毛詩傳疏》、馬瑞辰的《毛詩傳箋通釋》，雖然考證算勝場了，見識仍然是固陋的很，遠敵不上朱晦庵。我且分成三個問題，逐條回答。

一、《詩經》裏的「詩」究竟是甚麼

後來的學者，都說它是孔子刪定的「經」，其中「有道在焉」，決不是「玩物喪志」的。其實這話非特迂腐的可笑，並且就詩的本文而論，也斷斷講不通。所以必須先把詩敘根本推翻，然後「詩」的真義可見；必須先認定「詩」是文學，不是道學，然後「詩」的真價值可說。孔子在《論語》上論詩的話非常明白，決非毛公以下的學究口中的話。現在就用他的話，證明詩的性質。

「『唐棣之華，偏其反而。豈不爾思，室是遠爾』。子曰：『未之思也，夫何遠之有』」？這是孔子刪去的詩。孔子所以刪去它的緣故，正為它說的不通，沒有文學的意味。從此可見孔子刪定的標準，止靠着文學上的價值。拿這章詩和《衛風》的《河廣》來比，這章詩是無味的。那章詩是有味的（那章詩的本文是「誰謂河廣，曾不容刀；誰謂宋遠，曾不崇朝」）。因而去此存彼。

> 嘗獨立，鯉趨而過庭曰：「學詩乎？」對曰：「未也。」「不學詩，無以言。」鯉退而學詩。他日，又獨立，鯉趨而過庭，曰，「學禮乎？」對曰，「未也。」「不學禮，無以立。」鯉退而學禮。

此節把詩、禮兩事分得清楚。詩是文學，所以學了詩，語言會好的：有個雅馴的風度，去了那些粗浮固陋的口氣了。禮是治身的儀節，所以學了禮，行事才有可方。道學先生講的詩正是孔子說的禮。

> 子曰：「興于詩，立於禮，成於樂。」

照這一節看來，可以見得孔子的教育，很注重美感的培養。詩是文學，所以能興發感情。若如道學家的意思，不應當說「興于詩」。應當說「立於詩」了。

> 子曰：「誦詩三百，授之以政，不達，使於四方，不能專對。雖多，亦奚以為？」

這節裏說從政，是因為《詩經》裏的《雅》多半說當日的政治和風俗，從政必須知道當日的情形，才可以「達」，所以孔子有這話，並不是學了詩然後「心正意誠，可以從政」。至於「專對」一說，同上面說的「無以言」一樣。當日使命往來，總要語言講究，所以有了文學的培養，才可以做「行人」。

> 子曰：「詩，可以興，可以觀，可以群，可以怨。邇之事父，遠之事君。多識于草木鳥獸之名。」

所謂「興」「觀」「群」「怨」，都是感情上的名詞、文學上的事件。至於事父、事君兩句，大可為道學先生所藉口。但是仔細想來，孔子說這兩句話，不過是把文學的感化力說重了（emphasized）。其意若曰，有了詩的培養，才可以性情發展的得宜，一切行事，都見出效用來，和那些「夫婦之道，人倫之始」的說話，是不相干的。

就以上的證據，可以斷定詩的作用只是文學一件事。胡適之先生的《中國哲學史大綱》裏有一段說：

> 孔子是一個有文學眼光的人。他選那部《詩經》，替人類保存了三百篇極古的絕妙文章。這部書有無上的文學價值，沒有絲毫別的用意。不料被後來的腐儒，以為孔子所刪存的詩，一定是有腐儒酸氣的。所以他們做造詩敍，把那些絕妙的情詩艷

> 歌，都解作道學先生的寓言。如《周南》各篇，本多是痴男怨女、征夫思婦的情詩，那些腐儒卻要說是「后妃之德，文王之化」。如《關雎》一篇，本寫男女愛情，從無可奈何的單相思到團圓，所以孔子說「樂而不淫，哀而不傷」；腐儒偏要說是「后妃悦樂君子之德，慎固幽深，云云」。文學變成了道學。

這一段話，說得痛快極了。同我的意見完全一致。我還記得去年曾對一位朋友說：「孔子獨許子貢、子夏可與言詩。子貢是以言語著名的，子夏是以文學著名的。他兩個有推此知彼的力量，用到文學上，最能興發想像，所以可與言詩。若果《詩經》真是道學書，還要讓顏淵、閔子騫干去了。」（但是這話很有點酸氣）

總而言之，詩是文學，可用孔子的話證明，可就詩的本文考得。詩是道學，須得用箋注家的話證明，須得離開詩的文箋，穿鑿而得。我們既不便「信口說而悖傳記，是末師而非往古」。還是就詩論詩，不犧牲了詩，去服從毛亨、衛宏的說話為是。

二、《詩經》裏的詩對於我們有甚麼教訓

現在雖然斷定詩是文學了，但是從古以來的文學，正是多得

很，為甚麼專來標舉《詩經》呢？我自己回答這問題道：正因為《詩經》的文學，在中國的韻文裏，古今少有。現在我們想在四、五、七言詩、詞、曲等類以外，新造一種自由體的白話詩，很有借重《詩經》的地方。換句話說，《詩經》雖然舊了，然而對於我們還有幾條新教訓哩！

《詩經》對於我們的第一條教訓是真實兩字。拿《詩經》和《楚辭》比，文章的情趣恰恰相反。《楚辭》裏最動人的地方是感想極遠，雖然是虛而不實，幻而不真，可也有獨到的長處，但是這種奇想的妙用，到了後人手裏，愈弄愈糟了。起初是意思奇特，其後是語言奇特，最後是字面奇特；起初僅僅是不自然，結果乃至於無人性。《詩經》裏的《國風》《小雅》，沒有一句有奇想的，沒有一句不是本地風光的。寫景便歷歷如在目前，寫情便事事動人心緒。畫工所不能畫的，它能寫出來。如：

蒹葭蒼蒼，白露為霜。所謂伊人，在水一方。溯回從之，道阻且長；溯游從之，宛在水中央。

日之夕矣，羊牛下來。

或降於河，或飲于池。或寢或訛，爾牧來思。何蓑何笠，或負其……麾之以肱，畢來既升。

手如柔荑，膚如凝脂，領如蝤蠐，齒如瓠犀，螓首蛾眉。巧笑倩兮，美目盼兮。

淇水在右，泉源在左。巧笑之瑳，佩玉之儺。

又有「聲情兼至」，真是「移我情」的，如：

女曰「雞鳴」，士曰「昧旦」。「子興視夜，明星有爛」。

風雨瀟瀟，雞鳴膠膠。

蕭蕭馬鳴，悠悠旆旌。

燕燕子飛，參差其羽。之子于歸，遠送於野。瞻望弗及，泣涕如雨。

鸛鳴于垤，婦嘆于室。洒掃穹窒，我征聿至。

又有情事逼真，我們一想便墮落到裏頭的，如：

夏之日，冬之夜，百歲之後，歸於其居。

其新孔嘉，其舊如之何？

誰謂荼苦，其甘如薺。宴爾新婚，如兄如弟。毋逝我梁，毋發我笱。我躬不閱，遑恤我后。

采采卷耳，不盈頃筐。嗟我懷人，置彼周行。

微我無酒，以敖以游。……薄言往訴，逢彼之怒。……憂心悄悄，慍于群小。覯閔既多，受侮不少。靜言思之，寤辟有摽。

昔我往矣，楊柳依依，今我來思，雨雪霏霏。

死生契闊，與子成說。執子之手，與子偕老。

有洸有潰，既詒我肄。不念昔者，伊余來塈。

彼黍離離，彼稷之苗。行邁靡靡，中心搖搖。知我者，謂我心憂；不知我者，謂我何求。悠悠蒼天，此何人哉？

諸如此類的例，舉不勝舉。《大雅》和《頌》，因為被體裁所限制，應當另論外，若《國風》《小雅》裏的詩，沒有一句不是真景、真情、真趣，沒有一句是做作的文章。為着這樣的真實，所以絕對的自然，為着絕對的自然，所以雖然到了現在，已經隔了兩千多年，仍然是活潑潑的，翻開一讀，頓時和我們的心思同化。文人做詩，每每帶上幾分做作氣，情景是字面上的情景，趣味是他專有的趣味。所以就在當時，也只得說是假文學。《詩經》的文章，有三種獨到的地方：一、普遍；二、永久；三、情深言淺。這都是自然的結果。我們把《楚辭》和它對照一看，《離騷》裏千言萬語，上天下地，終不如《詩經》裏的三言兩語能夠豐滿啊！

《詩經》對於我們的第二條教訓是樸素無飾。一句話，（Primitive）文學到了文人手裏，每每要走左道。所以初民的文學，傳到現在的社會裏，仍然佔據文學界的一大部。《詩經》的《國風》《小雅》既不是文人作的，又不是文化大備的時代作的，所以只有天趣，不見人工；是裸體的美人，不是「委委佗佗，如山如河」的「不淑」夫人。例如：

> 七月流火，九月授衣。春日載陽，有鳴倉庚。女執懿筐，遵彼微行，爰求柔桑。春日遲遲，采蘩祁祁。女心傷悲，殆及公子同歸。
>
> 五月斯螽動股，六月莎雞振羽，七月在野，八月在宇，九月在户，十月蟋蟀入我床下。穹窒熏鼠，塞向墐户。嗟我婦子，曰為改歲，入此室處。
>
> 二之日鑿冰沖沖，三之日納于凌陰，四之日其蚤，獻羔祭韭。九月肅霜，十月滌場。朋酒斯饗，曰殺羔羊。躋彼公堂，稱彼兕觥，萬壽無疆。
>
> 自伯之東，首如飛蓬。豈無膏沐，誰適為容？

《七月》一篇，真是絕妙的「農歌」。此外的文章，也是篇篇有初民的意味——質直、樸素，因而逼真。即如《褰裳》的頭一章說：「子惠思我，褰裳涉溱。子不我思，豈無他人？狂童之狂也且！」可以說是鄙污極了。但是揣想那話的情景，止歡喜它的逼真，活靈活現，忘了它的鄙污了。後人做詩，意思儘管極好，文章儘管很修飾，情氣每每免不了一個游字。《詩經》裏全沒有巧言妙語，都是極尋常的話，唯其都是極尋常的話，所以總有極不尋常的價值。Chaucer 的 Tales 到了現在，還給一般人做師資，只因為是初民的（Primitive）文學。《詩經》對於我們的教訓，也是如此。

《詩經》對於我們的第三教訓是體裁簡單。文章裏最討厭的毛病，是滔滔刺刺，說個不休。後來的賦家，是不消說的，很犯這病了。就是五七言的詩家、詞家、曲家，也多半專求盡量的發泄，不知道少說比多說更有效。《詩經》的詩，除去《大雅》和《頌》有點鋪張外，其餘都合最簡單的體裁。須知天地間的文章，最怕的是說盡了；最可愛的是作者給讀者以極少的話頭，卻使讀者生無限的感想。換句話說來，作者不把他的情景全盤托出，卻使讀者自己感悟去。《小雅》《國風》沒有多說的話，因而結構沒有鬆散的，因而沒有沒含蓄的，因而沒有缺少言外的意境的。作者不全盤托出，就是使讀者完全陷入。這是《詩經》裏唯一的文學手段。

《詩經》對於我們的第四條教訓是音節的自然調和。做詩斷離不了音節，全投音節便是散文。但是這音節一樁事，頗不容易講。律詩重音節了，只是它那音節，全是背了天真，矯揉造作而成的「聲病」。《詩經》裏的體裁，真可說是自由詩。然而音節的講究，還比律詩更覺自然，更覺精緻。押韻的方法不限一格；句裏又有聲韻的組織。雙聲疊韻的字，上下互相勾連，成就了「一片宮商」。總而言之，《詩經》裏的詩，體裁是自由的，押韻法是參差不齊的，句裏邊都是有聲韻的組織的。這樣又自由又精緻的音節，是我們做白話詩的榜樣（孔巽軒先生的《詩聲類》，講《詩經》的韻法很詳；錢曉征先生的《養新錄》裏，也有一段，論《詩經》裏音節的組織的，都可參看；今人丁以此先生的《毛詩正韻》，我曾經見過稿本，實在是講詩聲最詳最完的書）。

以上的四條，不過一時偶爾想到，順便寫了下來。其實《詩經》對於我們的教訓，還不只此。約略來說，《詩經》可分兩大項：一項是《國風》《小雅》，一項是《大雅》《頌》。后一項是後來廟堂文學的起源，我們對它不能得甚麼有益的教訓。至於前一項，是二千年前的自由體白話詩，不特用白話做質料，並且用白話做精神；不特體裁自由，思想、情趣、意旨等項，也無一不自由。我們有這樣的模範白話詩，當然要分點工夫，研究一番了。

三、為甚麼單要舉出朱晦庵的《詩集傳》和《詩序辨》

朱晦庵的這兩部書，在清代一般漢學家的眼光裏，竟是一文不值了；其實這是很不公允的見解。據我個人偏陋之見，關於《詩經》的著作，還沒有超過他的。先就訓詁而論，訓詁固然不是這部集傳的特長。但是世人以為訓詁最當的《毛傳》，也不見有甚麼好處：如「施，移也」；「濟濟，難也」；「京，大也」；真箇不通極了。後人不明白他的意思，「從而為之辭」，說他是說文字的本訓。他明明白白是做《詩經》的注，偏牽連到文字的本訓上，弄得意思愈加不明白了。算甚麼營生呢？又如「履帝武敏歆」一句，《毛傳》的穿鑿，可謂達于極點了。平情而論，毛公只是個冬烘先生，幸而生的較早些，因而粗略記得幾個故訓；這可謂生逢其時的人，他自己何曾有深密的學問。後人說他和《左傳》《周禮》互相發明，其實《左傳》《周禮》是偽經，他和它們互相發明，更見其不安了。況且小序尚是衛宏做的，《後漢書》上有明文，《故訓傳》也就可想了。還不知道是真是假呢。鄭康成的箋，實在比《故訓傳》好些。凡是箋傳不同的地方，總是箋是傳非。現在舉一個例：《豳・七月》說「女心傷悲，殆及公子同歸」。傳說，「爾公子躬率其民，同時出，同時歸也」。箋說，「悲則始有與公子同歸之志，欲嫁焉」。這真比《毛傳》通多了。我平日嘗玩笑着說：「鄭康成免不了幾分學究氣，還不至於像小毛公的冬烘氣象。」《正義》一部書更是不足道的。每逢傳箋反背的地方，他先替傳說話，再替箋說話，自己和自己打架。這簡直是明朝的大全，清朝的高頭講章了。宋朝人關於《詩經》的著作，零碎的多。訓詁一層，除朱子的《集傳》外，其他是全無所得的。清朝人對於《詩經》訓詁，很有些整理髮明的功勞。散見的不必說了，即以專書而論，《毛詩稽古篇》《毛詩傳箋通釋》《毛詩傳疏》全是重要著作。但是這些著作都是依附着荒謬的《詩序》而作的，都有點「根本錯謬」的毛病，所以一經講起禮，談起故，論到「詩人之義」來，便刺刺不休的胡說一片。朱子這本《集傳》，在訓詁上雖然不免粗疏，卻少有「根本誤謬」的毛病。他既把小序推翻了，因而故訓一方面也就着實點兒，不穿鑿了。況且朱子在宋儒中，原是學問極博的一個人。他那訓詁，原不是抄襲來的，盡多很確當的地方。就是反對他的戴東原，注起詩來，還不能不引用他呢。還有一層，我們讀《詩經》，無非體會他的文章，供我們的參考，哪裏有整工夫去「三年而通一藝」的辦呢？所以那些繁重的訓詁，大可以不聞不問，還是以速議為是。朱子這部書，雖然不精博，卻還簡單啊！

至於詩義一層，朱子這兩部書真可自豪了。朱子是推翻詩序的。他推翻詩序的法子，只以《詩經》的本文證他的不通。這真可謂卓識了。詩序上的高子，就是孟子所說的「固哉高叟」。詩序從這種人的徒子徒孫做出來，還能要得嗎？所以《關雎》等篇必定加上后妃，真箇附會迂腐的可笑。后妃是誰，誰也說不清楚，至於「淑女」，更難定了。鄭康成竟然硬把太姒安上，章太炎先生又異想天開的說，「文王與紂之事也。后妃淑女，非鬼侯女莫之任」。更曲喻穿鑿了一大篇，讀者不曾看完，必要發笑的。然而這事不能怪太炎，都是《詩序》上妄加后妃二字，勾引出來的。總而言之，《詩序》的大毛病，是迂腐、穿鑿、附會、妄引典禮、杜撰事實。「正心」「誠意」「修齊治平」（這幾個名詞雖然不是漢儒所重，但是毛詩已有這氣象）的道氣，已經很重了，所以自他而降，講詩的人，都不免有「先生帽子高」的氣象。和毛詩同時或者較前的魯、韓兩家，都是道學派的詩。《韓詩外傳》有很多的道氣，齊詩、翼氏諸家，弄上些五行讖緯，道氣變而為妖氣，成了方士派的詩學（這都本胡適之先生的話；道學、方士兩個名字，也是胡先生造的）。宋元人講詩，都是學道派，其中還有幾家，把詩論政，大講起功利主義的，尤其可笑。就是王柏疑詩，也還是道氣重的緊。他敢於刪詩，固算有強毅的魄力了，然而他所以疑詩的緣故，仍是道學先生恨情詩的心理，所以要刪鄭衛。只有章如愚的見解是極透徹的。他說：「正使學者深維其義，而後可以自得。詩人之義，不若《春秋》《易》之微。學者能深思之，不待序而自知。」這真透徹極了。程伯子是個聰明不過的人，對於《詩經》很有些遠妙的見境。他雖然說《詩序》是國史做的，我們卻可翻過來借他這話證明《詩序》的不可靠。因為他說，若「不是國史做的，孔子又如何憑空做出來」（這話的原文忘了，意思確是如此）。朱子這部《集傳》也還有幾分道氣，但是它的特長是：

（1）拿詩的本文講詩的本文，不拿反背詩本文的《詩序》講詩的本文。

（2）很能闕疑，不把不相干的事實牽合去。

（3）敢說明某某是淫奔詩。

就這幾項而論，真是難能可貴了。雖然他還有他的大缺點，但是總算此善於彼的。他雖不曾到了「文學的詩」的境界，卻也在道學的詩派中，可稱最妥當的，實在是有判斷、有見識、能分析、能排眾議的著作（朱子這兩部書，很被當時人和後人攻擊）。現在我把他解一番，奉請讀者諸君：（1）學他的敢於推翻千余年古義的精神；（2）學他敢於稱心所好，不顧世論的魄力；（3）再把《詩經》的研究更進一步，發明文學主義的《詩經》。

這篇文章寫完之後，忽然想起《詩經》的詩，只有一種最大的長處，就是能使用文學的正義。文學的至高用處，只是形狀人生，因而動起人的感情，去改造生話；決不是喪志的玩物。《詩經》裏的哀怨之詞，雖然出在勞夫怨婦的口裏，卻含有許多哲義。這種「不平之鳴」、天地間的至文，都如此的。所以《詩經》（專指《國風》《小雅》）的文學主義比它的文學手段更是重要，可惜我為篇幅所限，現在不能暢暢快快說了。

（選自《故書新評》）